智慧商业

人邮教育 创新型人才培养系列教材

U0691990

智慧仓储管理

微课版

董曼培 史 帆 梁艳清 ◎ 主 编
王 冠 魏 璇 樊洪涛 ◎ 副主编

人民邮电出版社

北 京

图书在版编目（CIP）数据

智慧仓储管理：微课版 / 董曼培，史帆，梁艳清主编. -- 北京：人民邮电出版社，2025. --（智慧商业创新型人才培养系列教材）. -- ISBN 978-7-115-66364-1

Ⅰ．F253.4-39

中国国家版本馆 CIP 数据核字第 2025G8P522 号

内 容 提 要

本书以智慧仓储管理为主线，紧贴智慧物流行业发展实际，系统介绍了智慧仓储管理的基本理论、方法和实际应用，旨在培养智慧仓储规划设计和运营管理人才。

本书包括智慧仓储概述、智慧仓储规划、智慧仓储软硬件系统、智慧仓储作业管理、智慧仓储库存管理、特殊物品保管与仓储消防管理、智慧仓储质量与绩效管理七个项目，每个项目包括若干任务，内容体系较为完整。

本书可作为职业本科院校、应用型本科院校和高等职业院校物流管理、电子商务等专业的教材，也可作为物流相关从业人员的参考书。

- ◆ 主　编　董曼培　史　帆　梁艳清
  副主编　王　冠　魏　璇　樊洪涛
  责任编辑　王　振
  责任印制　王　郁　胡　南
- ◆ 人民邮电出版社出版发行　　北京市丰台区成寿寺路 11 号
  邮编　100164　电子邮件　315@ptpress.com.cn
  网址　https://www.ptpress.com.cn
  北京天宇星印刷厂印刷
- ◆ 开本：787×1092　1/16
  印张：11.75　　　　　　　　2025 年 5 月第 1 版
  字数：235 千字　　　　　　2025 年 5 月北京第 1 次印刷

定价：49.80 元

读者服务热线：(010)81055256　印装质量热线：(010)81055316
反盗版热线：(010)81055315

前言
FOREWORD

当前，在云计算、大数据、人工智能等新一代信息技术的推动下，数字经济正在蓬勃发展，在全行业数字化转型的浪潮下，物流行业也迎来了前所未有的发展机遇。智慧仓储管理以其高效、精准、智能的特点，成为现代物流管理的重要组成部分。同时，智慧物流行业的发展也对智慧物流人才提出更高的要求。本书旨在为物流管理专业的学生和物流行业从业者提供全面、系统的学习资源，培养智慧仓储规划设计和运营管理人才。

本书内容涵盖智慧仓储概述、智慧仓储规划、智慧仓储软硬件系统、智慧仓储作业管理、智慧仓储库存管理、特殊物品保管与仓储消防管理、智慧仓储质量与绩效管理七方面内容，具体介绍如下。

项目一"智慧仓储概述"，主要讲述了智慧仓储的概念、特点，智慧仓储系统的构成。

项目二"智慧仓储规划"，主要介绍了智慧仓储规划的目标和基本原则，并详细介绍了智慧仓储规划的内容和方法。

项目三"智慧仓储软硬件系统"，主要介绍了智慧仓储硬件系统的设施设备，以及智慧仓储软件系统的仓库管理系统、仓库控制系统、仓库执行系统。

项目四"智慧仓储作业管理"，主要介绍了智慧仓储的工作流程，包括智慧仓储入库管理、在库管理、出库管理及拣货路径规划。

项目五"智慧仓储库存管理"，主要介绍了智慧仓储库存管理的策略和方法，包括需求预测、库存控制策略、供应链库存控制策略等内容。

项目六"特殊物品保管与仓储消防管理"，主要介绍了危险品、冷藏品和冷冻品、粮食三类特殊物品的保管要求，以及仓储管理中的消防安全问题。

项目七"智慧仓储质量与绩效管理"，主要介绍了智慧仓储质量管理的方法和指标，以及绩效管理的评价指标和方法。

本书的特色如下。

（1）注重内容的系统性：本书基本覆盖了智慧仓储的主要方面。

（2）注重前瞻性：本书不仅介绍了物联网、大数据、云计算、机器人技术等在仓储管理中的应用，还详细介绍了智慧仓储的硬件设备，同时融入了算法解决仓储管理中实际问题的相关内容，具有较强的先进性和前瞻性。

（3）注重校企合作：编者与深圳市怡亚通供应链股份有限公司紧密合作，共同开发了课程，且在本书编写过程中，企业专家提供了大量的新物流信息技术资料和实质性的指导意见。

（4）教学资源丰富：本书配套了丰富的数字资源，包括教学 PPT、微课视频等，支持线上线下混合教学模式。

（5）注重素质教育：本书全面贯彻党的二十大精神，落实立德树人根本任务；本书在每个项目均设置了素质目标，以帮助读者全面提升职业素养。

本书由河北工业职业技术大学的董曼培、史帆、梁艳清担任主编，王冠、魏璇、樊洪涛担任副主编，崔阶萱参编。

在本书编写过程中，编者参考了大量文献，在此对这些文献作者表示深深的感谢。本书的出版得到了深圳市怡亚通供应链股份有限公司范鹏经理的大力指导和人民邮电出版社的大力支持，在此表示衷心感谢。

由于编者水平有限，书中难免存在不足之处，敬请广大读者批评指正！

编者

2025 年 4 月

目录
CONTENTS

智慧仓储概述

学习目标

知识目标

掌握仓储的概念、功能，了解仓库的基本类型，掌握仓储管理的概念、原则及模式。

掌握云仓的概念、特点以及云仓与传统仓储的区别，了解云仓模式。

掌握智慧仓储的概念、特点，以及智慧仓储系统的构成；熟悉智慧仓储管理的内容。

了解智能仓储技术的概念、功能。

技能目标

能判断仓库的类型、仓储管理的模式。

能分析判断仓储的发展阶段。

能分析判断某一仓库所具有的功能。

能分析判断实践中智慧仓储的"智慧"之处。

素质目标

提高学生对行业的认知，增强学生对物流与供应链管理领域的专业认同感。

知识架构

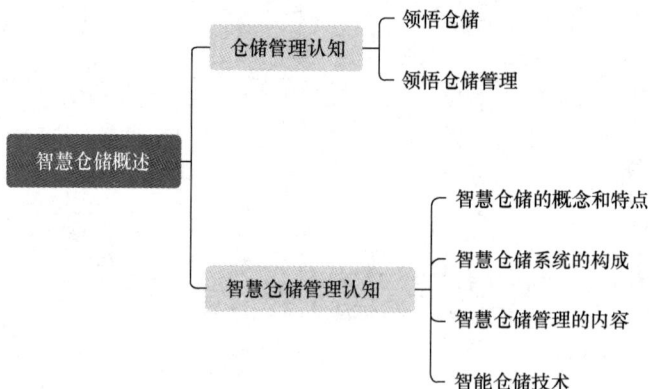

【案例导入】

商品流通行业在现今的行业背景下，呈现出渠道的多样化和复杂性，其业务模式与传统的商贸批发业务模式也有很大的区别。Y集团业务涉及全国各地的商贸流通业务，同时集团在某些核心城市按照行业的不同会有多个分、子公司从事不同行业产品的分销业务。随着市场扁平化和产品供应链环节的成本优化，各个公司都面临着降本增效的压力，同时，产品和客户的多样性、复杂性又增加了物流操作的难度，因此，集团决定对各个地区进行统仓统配的一体化管理。

Y集团在A市有三家分公司，分别从事食品、日化、家居产品的流通业务。集团为了实现统仓统配的仓储物流升级改造，在A市成立了一家专门从事仓储物流业务的分公司（B公司），来完成统仓统配的物流改造。B公司既需要应对终端客户多品种、多存货单位（Stock Keeping Unit，SKU）、多形态和多渠道的特点，又要保证仓库的高效运营与快速周转，还要应对终端客户小批量、多批次的订单发展变化趋势。因此，在集团数字化改造的大背景下，B公司在新的物流仓配中心的建立中需要充分考虑采用数字化的手段，实现仓储管理智慧化。

请思考：如果你是B公司物流仓配中心建立项目的负责人，在建立中需要考虑哪些方面？

任务一　仓储管理认知

一、领悟仓储

仓储是历史发展的产物，随着生产力的发展、剩余产品的出现而产生。《诗经·周颂·丰年》中"丰年多黍多稌，亦有高廪，万亿及秭。"《诗经·小雅·甫田》中"曾孙之稼，如茨如梁。曾孙之庾，如坻如京。乃求千斯仓，乃求万斯箱。"记载了周人在农业丰收后将粮食收储在仓、廪、庾等场所的史实。

我国古代商业仓储的雏形是"邸店"，但由于当时商品经济的局限，它既具有商品寄存性质，又具有旅店性质。随着社会分工的进一步发展和交换的不断扩大，专门储存商品的"塌房"从"邸店"中分离出来，成为带有企业性质的商业仓库。而现代仓储业的真正发展则是在改革开始之后，其伴随着科技的进步、经济的快速增长而发展起来。

（一）仓储的概念

在我国，最初"仓"和"库"是两个概念。"仓"是指储藏粮食的地方，"库"是指储藏兵器的库房；后来将二者合一，凡是储存物品的建筑物和场所均称为仓库，因此"仓"也称为仓库，可以是房屋建筑、大型容器、地窖、洞穴或者特定的场地等，具有存放和保护物品的功能。"储"即存储、储备，表示收存以备使用，具有收存、保管、交付使用的意思。仓储（warehousing）是指利用仓库及相关设施设备进行物品的入库、储存、出库的活动[①]。

仓储是重要的物流节点，虽然它不是生产也不是交易，只是为生产与交易服务、融于整个物流系统之中的一项物流活动，但它与运输、配送、流通加工等其他的物流活动相联系、配合。因此仓储是现代物流管理的核心环节，是保证现代物流流畅的重要节点。

可以从狭义和广义两个方面理解仓储。狭义的仓储仅指通过仓库实现对在库物品的储存与保管，是一种静态仓储，可比喻为蓄水池。广义的仓储除了指对物品的储存、保管外，还包括物品在库期间的装卸搬运、组装、包装、打码、流通加工等各项增值服务功能，是一种动态仓储，可比喻为河流。

（二）仓储的发展阶段

按照仓储的发展过程，可以将其分为以下五个历史阶段。

1. 人工仓储

人工仓储阶段是仓储系统发展的原始阶段，在这一阶段，仓库物资的运输、存储、管理和控制主要靠人工来实现，效率很低。

2. 机械化仓储

机械化仓储阶段中，仓库通过传送带、工业输送车、机械手、吊车、堆垛机和升降机来移动和搬运物料，用货架、托盘等储存货物，通过人工操作机械存取设备，用限位开关、螺旋机械制动和机械监视器等控制设备的运行。机械化仓储系统满足了仓库对移动速度、放置精度、存取高度、物品重量等方面的更高要求，目前还普遍存在。

[①] 出自中华人民共和国国家标准《物流术语》（GB/T 18354—2021）。

3. 自动化仓储

自动化技术的发展与应用对仓储技术的发展起到了重要的促进作用。从 20 世纪 50 年代末开始，仓储行业相继研制和采用了自动导引车、自动货架、自动存取机器人等自动化设备。到 20 世纪 70 年代，旋转式货架、移动式货架、巷道堆垛机和其他搬运设备都加入了自动控制行列，但只是各个设备的局部自动化并各自独立应用，此阶段被称为"自动化孤岛"。

4. 集成自动化仓储

20 世纪 70 年代末至 80 年代，随着计算机技术的发展，自动化仓储的研究重点逐渐转向物料的控制和管理的实时、协调及一体化，产生了"集成系统"的概念。计算机、数据采集点、机械设备的控制器等及时高效地汇总信息，使得系统各个部分有机协作，使生产的总体效益大大超过各部分独立效益的总和。集成化仓库技术作为计算机集成制造系统（Computer Integrated Manufacturing System，CIMS）中物料存储的中心受到人们的重视。目前，集成自动化仓储系统仍然是比较先进的仓储系统形式。

5. 智慧化阶段

随着现代工业生产的发展，柔性制造系统、计算机集成制造系统和工厂自动化对自动化仓储提出了更高要求，需要更可靠、实时的信息，工厂和仓库中的物流必须伴随着并行的信息流。在 20 世纪 90 年代后期，人工智能技术的发展推动了自动化仓储技术向智能化方向发展。在这一阶段，系统可以完全自动地运行，根据实际运行的情况，自动反馈有价值的参考数据，如根据出库量和频率对市场前景做出预测，根据储存货品的实际情况（存储位置、库存数量、库存存放的周期）对仓储规划、货品摆放、资源配比等提出合理化的建议。在这一阶段，货品的仓储过程几乎可以不需要人的参与，完全实现仓储的自动化。

智慧仓储系统不仅具有集成自动化功能，还有一定的决策能力，其可以利用计算机的运算速度优势，结合人工智能、优化算法等技术，实现系统决策。

（三）仓储的功能

1. 基本功能

仓储的基本功能是指为了满足市场的基本存储需求，仓库所具有的基本的操作或行为，包括出入库、存储、保管、拼装、分类等基础作业。其中，存储功能和保管功能是仓储的基础功能。

仓库应根据存储物品的特性配备相应的设备，以保持存储物品的完好性。比如：蔬菜、水果、海鲜等生鲜，某些危化品，高精密度设备，含益生菌的药物、配方奶粉及乳制奶品等产品对温度和湿度有较高的要求，因此就要有空调等设备。在仓库作业的时候，还要防止搬运和堆放时碰坏、压坏物品。

2．增值功能

仓储的增值功能是指通过仓储高质量的作业和服务，经营方或供需方获取额外利益的功能。这是现代仓储与传统仓储的重要区别之一。仓储的增值功能的典型表现方式如下。

一是提高客户的满意度。当客户下达订单时，物流中心使用专门的设施设备，通过专业化的管理迅速组织货物，并按客户要求的时间、地址及时送达，从而提高客户对物流服务的满意度，增加潜在的销售量。

二是信息的传递。在处理与仓储活动有关的各项事务时，需要依靠计算机和互联网，通过电子数据交换（Electronic Data Interchange，EDI）和条形码等技术来提高仓储物品信息的传输速度，及时而准确地了解仓储活动中产生的各种信息。仓储环节所获得的市场信息虽然滞后于销售信息，但更为准确和集中，且信息成本较低，因此企业生产特别重视仓储环节的信息传递和反馈，将仓储量的变化作为决定生产的依据之一。

3．社会功能

仓储的基础作业和增值作业会给整个社会物流过程的运转带来不同的影响，良好的仓储作业与管理将带来正面的影响。仓储的社会功能体现在以下方面。

一是时间调整功能。仓储能够创造物资的时间效用。现代化大生产的形式多种多样，从生产和消费的联系来看，每种产品都有不同的特点，有的产品的消费是均衡的，有的产品的消费是不均衡的，还有的产品生产不均衡而消费均衡。因此，要使生产和消费协调起来，就需要仓储这个"蓄水池"来进行调节。

二是价格调整功能。生产和消费之间会产生价格差，供过于求、供不应求都会对价格产生影响。因此，仓储可以克服货物在产销量上的不平衡，达到调整价格的效果。

三是衔接商品流通的功能。商品仓储是商品流通的必要条件，为保证商品流通过程连续进行，就必须有仓储活动。仓储可以防范突发事件，保证商品顺利流通。

四是调节货物运输能力的功能。各种运输工具的运输能力差别较大。船舶的运输能力很强，海运船舶运输量都在万吨以上；火车的运输能力较强，一般每节车厢能装载40～80吨，一列火车的运量则多达几千吨，极个别能达到万吨；汽车的运输能力相对较弱，多数汽车额定载重量在30吨以下；飞机的运输能力也较弱，通常商用大型全货机载重量是100吨左右。这种运输能力的差异就需要通过仓储调节。

（四）仓库的基本类型

仓库按不同的标准可进行不同的分类，一个企业或部门可根据自身的条件选择建设或租用不同类型的仓库，一个国家、一个地区、一个企业的物流系统中需要有各种各样的仓库，它们的结构形态各异，服务范围和对象也有着较大的差别。

1．按保管条件划分

（1）通用仓库

通用仓库，又称普通仓库、综合仓库，一般是指可常温保管货物、自然通风、无特殊功能的仓库，主要用于存储一般无特殊要求的工业商品或农副产品，属于一般的保管场所，对存储、装卸、堆码和养护设备的要求较低，在各类仓库中占比最大。

（2）专用仓库

专用仓库是"通用仓库"的对称，是专门储存单项商品的仓库，如茶叶仓库、卷烟仓库、食糖仓库、粮食仓库、化肥仓库、农药仓库、果品仓库、蔬菜仓库、水产品仓库、牲畜仓库等。根据各种商品性质的不同，一般配有冷藏、保温、防潮、防腐蚀等设施，可以防止混存中相互串味，保证商品质量。

（3）危险品仓库

危险品仓库是配置了特殊装备和相应消防手段，能对危险品起到一定的防护作用的一种专用仓库。由于危险品具有易燃、易爆、有毒、有腐蚀性或有放射性等特性，所以严禁与一般物品混放。危险品仓库的主要任务就是确保各类危险品的储存安全。

（4）气调仓库

气调仓库指用于存放要求控制库内氧气和二氧化碳浓度的物品的仓库。气调仓库又称气调贮藏库，气调贮藏是一种先进的果蔬保鲜贮藏方法。它是在冷藏的基础上，增加气体成分调节，通过对贮藏环境中温度、湿度、二氧化碳浓度、氧气浓度和乙烯浓度等条件的控制，抑制果蔬呼吸作用，延缓其新陈代谢过程，更好地保持果蔬新鲜度和商品性，延长果蔬贮藏期和保鲜期（销售货架期）。通常气调贮藏比普通冷藏可延长贮藏期0.5～1倍；气调仓库内贮藏的果蔬，出库后先从休眠状态苏醒，保鲜期（销售货架期）可延长21～28天，是普通冷藏库的4～5倍。

2．按仓库的经营主体划分

（1）企业自营仓库

企业自营仓库包括生产企业和流通企业的自营仓库。生产企业自营仓库是指生产企业使用自有的仓库设施对生产使用的原材料、生产的中间件、最终产品实施储存保管而产生的仓库。其储存的对象较为单一，以满足生产为原则。流通企业自营仓库则指流通企业以其拥有的仓储设施对其经营的商品进行仓储保管而产生的仓库。其仓储对象较多，目的是支持销售。

（2）商业营业仓库

商业营业仓库是指仓储经营人以其拥有的仓储设施，向社会提供商业性仓储服务而产生的仓库。仓储经营人与存货人通过订立仓储合同的方式建立仓储关系，并依合同约定提供服务和收取仓储费。此类仓储的目的是在仓储活动中获得经济回报，实现经营利润最大化。它主要有提供货物仓储服务和提供仓储场地服务两种形式。

（3）公共仓库

公共仓库是公用事业的配套服务设施，为车站、码头等流通场所提供仓储配套服务，如铁路车站货场、港口的码头仓库、公路货场的货栈仓库等。其运作的主要目的是保证车站、码头等的货物作业正常进行。

（4）战略储备仓库

战略储备仓库是国家根据国防安全、社会稳定的需要，对战略物资实行储备而产生的仓库。战略储备由国家政府进行控制。战略储备特别重视储备品的安全性，且储备的时间长。战略储备物资主要有粮食、石油、有色金属、淡水等。

3．按仓储功能划分

（1）储存仓库

储存仓库用于较长时期存放物资，以解决生产和消费的时空不均衡。一般储存仓库的物资较单一，品种少，但存量大，且存期长，因此要特别注意物资的质量保管。

（2）转运仓库

转运仓库用来衔接不同运输方式，减少货物的装卸和停留时间。转运仓库大多设立在货物集散地区的交通枢纽地带和出运港口城市，比如车站、港口、码头等附近。转运仓库具有"大进大出"的特点，货物存期短，注重货物的周转作业效率。

（3）流通仓库

流通仓库除了具备一定的仓储功能外，还具有装配、拣选、分级、包装、配送等功能，具有周转快、附加值高等特点，用于减少货物在流通过程中因为停滞而产生的费用，实现物流的时间价值。该类仓库一般储存品种丰富、大批量入库、分批次出库，整体吞吐能力较强。

（4）保税仓库

保税仓库是指经海关批准设立的专门存放保税货物及其他未办结海关手续货物的仓库。根据用户的不同，保税仓库可分为两类：为社会提供保税仓储服务的公共保税仓库和只存放企业自用的保税货物的自用保税仓库。存储在保税仓库的货物经批准可在仓库内进行改装、分级、抽样、混合和再加工等，这些货物如再出口则免缴关税，如进入国内市场则须缴纳关税。各国对保税仓库货物的堆存期限均有明确规定。设立保税仓库除为贸易商提供便利外，还可促进转口贸易。

4．按建筑类型划分

（1）平库

平库即单层仓库，这是最常见也是最广泛的一种仓库建筑类型。这种仓库只有一层，一般为钢筋混凝土结构、钢架金属屋面结构等，构造比较简单，建筑费用低，人工操作比较方便。由于只有一层，仓库全部的地面承压能力比较强。

（2）高台库

目前市场上还有一种常见的仓库为标准化的高台库，即仓库内地面与仓库外的地面有 1.4 米左右的高度差，方便装卸车作业，提高作业效率。高台库的卸货平台与大货车货柜尾部高度齐平，叉车可以直接上车卸货，装卸货比较方便快捷。其租金比平库租金高。

（3）楼库

楼库是指有两层楼及以上的仓库，一般是钢筋混凝土结构。楼库可以减少土地占用面积，进出库作业可采用机械化或半机械化方式。楼库一般建在靠近市区的地方，占地面积较小，建筑成本可控，用来储存城市日常用的高附加值的小型商品，多层结构使得搬运商品会更加方便。楼库的缺点在于商品的存放成本和维护费用较高。

（4）高标库

高标库指仓库本身的规格以及配置较高，明显优于普通仓库的高标准仓库。高标库的判断标准如下：库内净高大于 9 米，周转场地的宽度在 25 米以上，带有卸货平台（卸货平台就是月台，离地高度一般是 1.3 米，宽 4～4.5 米）和消防喷淋（消防喷淋包括自动控制喷淋和人工控制喷淋），地坪基本都是金刚砂耐磨地坪，消防安全等级达到丙二类，带有雨棚（雨棚在月台正上方，宽度一般是 7 米）。

（5）立体仓库

立体仓库也称高层货架仓库、高架仓库，是指采用高层货架，可借助机械化或自动化等手段立体储存物品的仓库。

（6）坡道库

坡道库有行车坡道，车辆可以从一层开到二层，有的坡道设计得足够长，能供车辆从一层开到三层、四层甚至更高层。

此外，随着跨境电子商务的发展，仓库根据设置地点，还可以分为海外仓与边境仓等。

二、领悟仓储管理

（一）仓储管理的概念

仓储管理（Warehousing Management）指对仓储及相关作业进行的计划、组织、协调与控制。现代仓储管理并不是简单地对仓库进行管理，而是以满足供应链上下游的需求为目的，在特定的有形或无形的场所，运用现代技术对物品的进出、库存、分拣、包装、配送及其信息进行有效的计划、组织、协调与控制的过程，是对供应链一体化背景下的现代仓储系统的综合管理。

所谓"特定"，是指具体的某个或某些，是特别指定或规定，这里是指各个企业的供应链及仓储的场所是特定的。所谓"有形"是指有形状的、感官能感觉到的。有形的场所一般是指库房、货棚、货场或储罐等。在现代技术的支撑下，仓储也可以在虚拟空间进行。离开了现代仓储设施设备及信息化技术，也就无所谓现代仓储。

（二）仓储管理的原则

第一，保证质量。这是仓储管理的首要原则。没有质量的数量是无效的，甚至是有害的。例如呆滞的库存依然会占用仓库空间和资金，产生管理费用。

第二，注重效率。仓储成本是物流成本的重要组成部分，直接影响整个物流系统的效率。在仓储管理过程中，要充分调动仓库生产作业人员的积极性，提高劳动生产率。要充分发挥仓储设施设备的作用，提高其利用率。要缩短物品的在库时间，提高库存周转率，实现快进快出。

第三，确保安全。仓储活动中存在着很多危害人身和财产安全的因素。有些不安全因素来自货物本身，如有毒有害的危险化学品；有些则是员工在作业过程中违反操作规程，造成人身或财产损失；甚至还有人为破坏。因此要加强安全教育，制定安全规定，贯彻落实"安全第一、预防为主"的仓储管理安全生产方针。

第四，追求性价比。企业是以营利为目的的组织，仓储企业未来实现一定的经济目标，必须力争以最少的人、财、物消耗，及时准确地完成最多的仓储任务。

（三）仓储管理的模式

仓储管理的模式按照仓储活动的运作方可以分为自有仓库仓储、租赁仓库仓储以及第三方仓储。合理地选择仓储管理模式，既可以保证企业的资源供应，又可以有效地控制仓储成本。

1．自有仓库仓储

自有仓库仓储即企业自己建设仓库进行仓储，仓库的所有权属于企业。

（1）自有仓库仓储模式的优点

第一，自主性。作为仓库的所有权人，企业对仓库享有完整的支配权和控制权，能够按自己的意愿经营管理，有助于与其他系统进行协调。

第二，灵活性。企业是仓库的所有权人，可以按照企业要求和产品的特点进行设计与布局。

第三，低成本。长期仓储时，自有仓储的成本低于公共仓储。从长期情况来看，自有仓库的运行成本相对较低，如果仓库能够得到有效的利用，仓库运行成本大约为物流成本的 15%～25%，甚至更低。在实际操作过程中，企业对仓库的利用率为70%～80%。一般认为，如果自有仓库的利用率低于75%，那么就应该考虑租赁公共仓库。

第四，税收优势。自有仓库，因其建筑设施和技术设备方面的投入和折旧，故可以减少企业应该支付的税额。

第五，塑造企业形象。当企业将产品储存在自有仓库时，能够给客户一种持续、长久和稳定的商业运作印象，使人感到企业的仓储服务是稳定的和可依赖的，无形之中塑造了良好的企业形象。

（2）自有仓库仓储模式的缺点

第一，缺乏柔性。自有仓库的容量是固定的，并不能随企业对仓储空间的需求变化而做出相应的调整。当企业对仓储空间有额外需求时仓库无法满足，而需求减少时又造成仓库设施闲置和仓库空间浪费。自有仓库一旦投入运营，就难以根据市场大小、位置及客户偏好做出快速调整，容易丧失商业机会。

第二，财务限制。自有仓库成本较高，一般企业没有足够的资金、实力来购买或建造，另外，自有仓库内部构造和设计有其特殊性，因此建造仓库属于长期的、高风险的投资项目。同时，企业还需要支付仓库员工的工资和培训费用，购买储存保管、分拣等设备以及相关系统，自有仓库投资大、建造历时长。

第三，投资回报率较低。在大多数情况下，自有仓库的投资回报率较低，很难获得与其他投资项目一致的投资回报率。

2．租赁仓库仓储

租赁仓库仓储，即企业租用营业性仓库并由自己进行仓储活动。

（1）租赁仓库仓储模式的优点

第一，节省资金。租赁仓库进行仓储活动，不仅免去了企业购买土地、建设仓库和作业设备方面的投资，还免除了仓库初期的运行成本和雇佣、培训仓库管理人员的开支。因此可以节省资金的投入，减小企业财务方面的压力。

第二，缓解库存高峰时的库存压力。许多企业产品的季节性、促销活动或其他原因导致存货水平变化，租赁仓库仓储则没有仓库容量的限制，能够满足企业在不同时期对仓储空间的需求，缓解市场需求高峰期的存储压力。仓储的变动成本将直接随着储存货物数量的变化而变动，便于管理者掌控成本。

第三，降低投资风险。一般来讲，仓库设施和设备的使用寿命为 20 至 40 年。如果企业投资自建仓库，势必会购买仓库设备，而物流技术设备的不断革新、商业运营方式的日新月异，将造成设备过时。租赁仓库经营则无这方面的风险，企业可以自由地选择和更换仓库。

第四，经营活动灵活。租赁仓库仓储合同是有期限的，企业可以根据客户的位置和需求的变化，灵活地调整下一个租期的仓库的地理位置和租赁面积。

第五，仓储成本低。与自有仓库相比，租赁仓库为众多企业服务，库存数量更大，仓容利用率更高，更利于拼箱作业，节约运输成本，具有规模经济效应，可降低仓储费。

（2）租赁仓库仓储模式的缺点

第一，包装成本增加。由于租赁仓库中存储了不同企业的各种不同种类的货物，货物规格和理化生物性质不尽相同，必须增强货物的保护性包装以降低货损风险。

第二，控制库存难度大。在日常管理中，与自有仓库仓储相比，租赁仓库经营存在货物破损和丢失、商业秘密泄露等风险，无形中增加了企业控制库存的难度。

3．第三方仓储

第三方仓储又称合同仓储，是指企业将仓储管理等物流活动转包给外部公司，由外部公司为企业提供综合物流服务。第三方仓储是专业化、合同化、社会化的仓储。第三方仓储通过合同来规范其与众多客户之间的关系，向客户提供专业化的仓储物流服务，从物流设计、操作过程、技术工具、设施到管理必须体现其专门化和专业水平，因此第三方仓储需要建立现代管理系统，利用信息技术实现信息实时共享，促进管理科学化。第三方仓储可提供存储、卸货、分拣、拼箱、存货控制、运输安排、信息传递等一整套专业化分销服务。

（1）第三方仓储模式的优点

第一，有效利用资源。第三方仓储比自有仓库仓储更能有效处理季节性生产普遍存在的产品的淡、旺季存储问题，能够有效地利用设备与空间；同时，第三方仓储的管理具有专业性，管理专家拥有更具有创新性的分销理念、掌握更多降低成本的方法，因此物流系统的效率更高。

第二，扩大市场。第三方仓储企业具有经过战略性选址的设备与服务，货主在不同位置得到的仓储管理和一系列服务都有统一标准。许多企业将其自有仓库数量减少到几个，而将各地区的物流转包给第三方仓储公司。通过这种自有仓储与第三方仓储相结合的网络，企业在保持对集中仓储设施的直接控制的同时，利用第三方仓储来降低直接人力成本，扩张市场的地理区域。

第三，运输成本低。第三方仓储企业同时处理不同货主的商品，通过拼箱作业、规模运输来降低运输成本。

第四，测试新市场。货主在对现有产品开展促销活动或推出新产品时，可利用短期第三方仓储来分析产品的市场需求。当企业进入一个新的市场区域时，首先要投入时间、人力、财力建立一套分销设施，当企业与第三方仓储建立合作关系，可利用第三方仓储在该区域的现有设施实现目标。

（2）第三方仓储模式的缺点

第一，生产企业对物流的控制能力减弱。第三方的介入使得企业自身对物流的控制能力减弱。在双方协调出现问题的情况下，可能会出现物流失控的风险，从而使企业的客服水平降低。

第二，存在客户关系管理的风险。由于生产企业通过第三方来完成产品的配送与售后服务，同客户的直接接触少了，不利于建立稳定密切的客户关系。

第三，存在客户信息泄露风险。客户信息对企业而言是重要资源，但第三方仓储企业为多家企业提供综合物流服务，在为企业的竞争对手提供服务的时候，企业的客户信息被泄露的可能性将增大。

第四，存在连带经营风险。第三方仓储是一种长期的合作关系，如果第三方仓储企业自身经营不善，则可能影响企业的经营，解除合作关系又会产生较高的成本，因为稳定的合作关系是建立在较长时间的磨合期上的。

（四）云仓

云仓这一概念最早由阿里巴巴提出，简单来讲就是由第三方仓储企业承担仓储和配送的全过程作业。但与第三方仓储不同的是，云仓是在第三方仓储的基础上，利用大数据、云计算技术，将仓储、物流、信息等资源进行整合，通过互联网实现对商品的管理、存储、配送等全过程的智能化管理。云仓模式如图1-1所示。

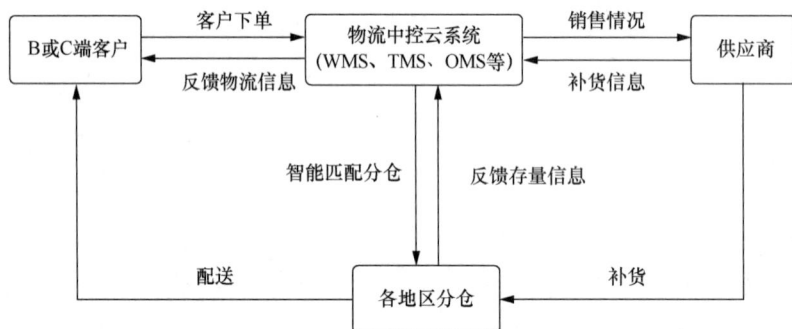

图1-1 云仓模式

1．云仓的特点

① 高效性。云仓采用先进的信息技术，实现了对商品的实时监控和管理，提高了仓储和物流的效率。

② 灵活性。云仓可以根据不同的需求进行灵活的调整和变化，满足不同客户的需求。

③ 低成本。云仓采用共享经济模式，将仓储和物流等资源进行共享，降低了成本。

④ 数据化。云仓通过信息化技术实现了对商品的数据化管理，能够实时掌握商品的库存、销售等情况。

2．云仓与传统仓储的区别

云仓与传统仓储的区别如表1-1所示。

表 1-1 云仓与传统仓储的区别

项目	云仓	传统仓储
物品种类	支持多品类集中存放，甚至支持异地就近匹配。可以利用大数据实现就近仓储下订单、拣选配送，节省物流费用，提高配送效率	品类单一
仓储服务	云仓服务商提供更全面的仓储和物流服务，包括货物的接收、存储、分拣、包装和配送等环节。货主可以根据需要选择相应的服务，并根据实时数据追踪货物的状态和位置	主要提供仓储空间和基本的物流服务，需要货主自行安排和协调货物的进出和配送
仓储系统	配备统一的智慧云仓系统，包含仓储管理系统等全套软件，可与各个电商平台以及财务软件进行全方位衔接。通过大数据、云计算等技术，云仓能够更精确地对仓库进行管理，为商家与消费者提供极佳的体验	使用手工或基本的管理系统进行仓储操作和库存管理，存在人为错误的风险，信息不够实时和准确
管理重点	除了关注库内安全和库存数量，云仓更讲求仓内作业的时效以及精细化的管理	库内安全和库存数量
灵活性	云仓提供灵活的仓储空间租用和扩展选项。货主可以根据实际需求随时增加或减少仓储空间，以适应业务的变化	规模和容量相对固定。在业务量波动大或需求变化频繁的情况下，无法灵活调整仓储空间

3．三种云仓模式

① 物流快递类云仓：规模大、自动化程度高、运营能力强，订单响应速度快、履行能力强，布局采用全网协同的形式。

② 电商平台类云仓：根据数据分布库存，有很强的自动化订单履行能力，能主动以货主为单位对库存分布自动进行调拨、优化。

③ 互联网第三方仓储云仓：深耕于电商供应链领域，以仓库为基地，为电商商家提供灵活多样的服务。

任务二 智慧仓储管理认知

一、智慧仓储的概念和特点

（一）智慧仓储的概念

智慧仓储是指使用物联网、人工智能、大数据等互联网新技术，以用户需求为中心重构仓储流程，重视仓储过程核心数据的积累和运用，降低仓储环节人的参与度，使用新技术促进仓储各个环节以及仓储和供应链其他环节产品流和信息流的流畅运转，从而降低仓储成本、提高效率。

智慧仓储理念是一种仓储管理理念，旨在通过信息化、物联网和机电一体化等来实现仓库的高效管理，从而降低仓储成本、提高运营效率、提升仓储管理能力。

（二）智慧仓储的特点

1．仓储管理信息化

在仓储作业中，会产生大量的货物信息、设备信息、环境信息和人员信息等。智慧仓储在仓储管理业务流程再造基础上，利用射频识别、网络通信、信息管理系统以及大数据、人工智能等技术，实现入库、出库、盘库、移库管理的信息自动抓取、自动识别、自动预警，以此实现物流仓储环节的智能化管理，提高货物的入库、出库、盘库和移库效率，降低仓储成本。

2．仓储运行自动化

自动化与智能控制的研究应用是最终实现智慧仓储系统运作的核心。仓储运行自动化主要是指仓储运行的硬件部分自动化，如自动化立体仓库系统、自动分拣设备、分拣机器人，以及可穿戴设备的应用。自动化立体仓库包括立体存储系统、穿梭车等的应用，分拣机器人主要包括关节机器人、机械手、蜘蛛手的应用。

智慧仓储设备和智能机器人的使用大大提高了作业效率、降低了错误率。智能控制是在无人干预的情况下能自主地驱动智能机器实现控制目标的自动控制技术。对仓储设备和机器人进行智能控制，使其具有像人一样的感知、决策和执行的能力，设备之间能够进行沟通和协调，设备与人之间也能够更好地交互，大大降低了人力劳动的强度，提高操作的效率。

3．仓储决策智慧化

仓储决策智慧化主要是新一代信息技术（如大数据、云计算、人工智能、深度学习、物联网、机器视觉等）在仓储中广泛的应用。决策者利用以上技术能快速有效地从大量资料中分析出有价值的资讯，通过数据、模型和知识，以人机交互方式进行半结构化或非结构化决策，以利于在快速适应外在变动环境的情况下制定决策，实现智能决策。

二、智慧仓储系统的构成

智慧仓储系统是各种互联仓储技术协同工作的结果，主要由两部分组成：智能仓储设备和软件系统。它们形成了一个技术生态系统，可以自动接收、识别、分类、组织和提取货物。智能仓储设备与软件系统的集成度决定着自动化程度。人工智能、感知视觉、导航定位等技术在仓储领域的发展程度决定仓储智能化程度。一套专业成熟的智慧仓储解决方案几乎可以自动完成从供应商到客户的整个操作，并且错误较少。

（一）智能仓储设备

智能仓储设备是智慧仓储成本比重最大的部分，针对不同场景需求，智能仓储设备分为仓储机器人、机械臂、立体库、分拣机、输送机等设备类别。在软件系统的统一指挥下，智能仓储设备可完成自动输送、自动存储、自动拣选、自动装卸等作业。

（二）软件系统

软件系统用于实现对智能仓储设备的控制。软件系统主要包括仓库管理系统（Warehouse Management System，WMS）、仓库控制系统（Warehouse Control System，WCS）。仓库管理系统扮演着智慧仓储"大脑"的角色，由它来给仓库控制系统下达命令，然后由仓库控制系统控制智能仓储设备进行工作。

三、智慧仓储管理的内容

智慧仓储管理的对象有仓库、库存物料、设施设备、信息技术等，具体管理内容包括以下几个方面。

（一）货位管理

货位管理是指对仓库存放物资的货位进行规划、分配、使用、调整等工作。货位管理可以充分有效地利用仓库空间、提高人力资源和设备的利用率，为仓管人员提供便捷的管理方式，从而加强物资在物流中心的具体位置的管理，有效地管理好仓库物资的质量和数量等。

（二）软件系统的建设

智慧仓储一个较大的特点是多功能集成，除了传统的库存管理外，还要实现对流通货物的检验、识别、计量等功能，而这些功能想要顺利实现，都需要依赖软件系统。选择软件除了要考虑其适应性、功能模块、兼容性、安全性、稳定性、操作简便性，还要结合将来的变化，考虑其开放性与可扩展性。

（三）智能仓储设备的选择与配置

根据智慧仓储的实际类型选择合适的智能仓储设备，包括智能拣选设备、自动存取设备、智能搬运设备、智能分拣设备的选择，以及主要配套设备的选择等。

（四）作业管理

作业管理是智慧仓储管理的基本内容，包括如何组织货物出入库，在库储存、保管与养护、盘点等各项活动。

（五）仓库的库存控制

仓库的库存控制，即利用科学技术及现代管理方法实现在保证供应的前提下有效降低库存成本，进而实现物流总成本降低的目标。

（六）仓储质量管理

仓储质量管理，即根据全面质量管理体系完善仓储管理质量指标体系，制定达到仓储质量标准的具体方案，与企业内外部进行沟通协调，监督、控制仓储质量，进行 7S（Seiri-整理、Seiton-整顿、Seiso-清扫、Seiketsu-清洁、Shitsuke-素养、Safety-安全、Saving-节约）仓储作业现场管理等。

（七）仓储信息管理

仓储信息管理，即使用软件系统收集仓储作业过程中的数据，并使用软件系统对仓储作业过程产生的数据进行分类、清洗、整理。

此外，仓库安全与消防问题以及仓储绩效等，也是智慧仓储管理所涉及的内容。

▍四、智能仓储技术

智能仓储技术是指利用物联网、云计算、大数据、人工智能等技术实现智能化管理和自动化操作的仓储技术。以下是一些常见的智能仓储技术。

微课视频

物流仓储技术的
发展趋势

（一）射频识别技术

射频识别（Radio Frequency Identification，RFID）技术是一种非接触式的自动识别技术，它通过无线电波通信，实现自动识别和数据交换。RFID 技术利用标签和阅读器之间的信号传输，对目标对象进行识别和追踪。

在 RFID 系统中，标签附在被识别的物体上，每个标签都有一个唯一的电子编码，这个编码与标签中存储的数据相对应。当标签进入阅读器的作用范围内时，阅读器会通过无线电波与标签进行通信，读取标签中的数据，并将数据传输到计算机系统中进行处理。

RFID 技术的应用非常广泛，在供应链管理、物流跟踪、物品追踪、身份认证等领域都有应用。与传统的条形码技术相比，RFID 技术具有更高的自动化和智能化程度，能够实现更快速、更准确的数据采集和处理。此外，RFID 技术还具有防水、防磁、耐高温等特性，能够适应各种环境。

（二）传感技术

传感技术是指利用各种传感器获取信息，并将其转化为可读的数据的技术。在自动化仓储行业，传感技术主要应用于以下几个方面。

1．环境监测

仓库内的温度、湿度、气体浓度等环境参数对货物的保存有着重要影响。传感技术可以用于实时监测这些参数，及时预警并采取措施，保障货物的质量和安全。

2．避障与导航

自动化仓储设备，如自动导引车等需要在狭小的空间内高效运作，传感技术可以帮助这些设备实时感知周围环境，避免碰撞，并精确导航至目标位置。

3．重量与负荷监测

在货物存储和运输过程中，准确监测货物的重量和负荷是确保安全运作的重要一环。传感技术可以实现对货物重量的实时监测，防止超载等问题的发生。

（三）云计算技术

云计算是分布式计算的一种，指通过网络"云"将巨大的数据计算处理程序分解成无数个小程序，然后通过多部服务器组成的系统处理和分析这些小程序，得到结果并返回给用户。云计算技术可以为智能仓储提供高效、安全、可靠的数据存储和计算服务，还可以实现数据的实时更新和共享，提高仓库管理的效率和准确性。

（四）大数据技术

大数据技术是指通过对海量数据进行分析和挖掘，提取有价值的信息和知识的技术。在智能仓储系统中，可以使用大数据技术对货物的流向、存储、运输等信息进行分析和预测，从而优化仓储流程和提高仓储效率。

（五）物联网技术

物联网就是物物相连的互联网，即通过信息传感设备，将任何物体与网络相连接，物体通过信息传播媒介进行信息交换和通信，以实现智能化识别、定位、跟踪、监管等功能。物联网的终极目标，就是让万物都成为网络的一部分。

物联网技术在仓储中的具体应用如下。

1．设备监控和管理

利用物联网技术可以实时监控仓储设备的运行状态，包括货物的位置、温度、湿度、压力等参数，同时可以实现对设备的远程管理。

2．货物追踪和定位

利用物联网技术，可以对货物进行实时追踪和定位，了解货物的运输状态和位置信息，提高货物的可追溯性。

3．自动化操作

利用物联网技术可以实现自动化入库和出库，提高物流效率，减少错误和损失。此外，物联网技术还可以与机器人技术结合，实现智能仓库的自动化管理。

4．数据采集和分析

利用物联网技术可以采集大量的仓储数据，如货物流量、库存量、运输路径等数据。对这些数据进行分析，可以了解仓储的运营状况，有助于优化仓储布局，为经营决策提供支持。

5．智能化调度和配送

利用物联网技术可以实现对车辆的智能化调度和配送，提高车辆的利用率和配送效率。

（六）人工智能技术

人工智能技术指通过模拟人类智能实现自动化决策和行为，包括信息的接收、分析、处理、反馈，形成系统自主作业的指令，从而实现类似人类的智能行为的技术。

人工智能技术应用于物流仓储系统，不仅在于指导系统规划和设计，更在于规划和指导仓储作业。人工智能技术可以实现对仓库的自动化管理和智能化控制，对货物的存储位置和数量进行优化，货物的自动分类、分拣、搬运等，同时还可以实现设备的自动化巡检和维护，提高仓库管理的效率和准确性。

（七）仓储机器人

仓储机器人是一类用于完成自动化仓储和物流任务的机器人。它们旨在帮助仓库和物流中心提高效率、降低成本和减少人力资源的使用。

仓储机器人配备了各种传感器、导航系统和执行器，能够执行各种仓储任务，如搬运、装卸、存储、拣选和包装等。此外，仓储机器人通常与仓库管理系统或物流系统相连，能够实时交换数据，提供准确的库存信息和运行状态。为了连续运行，仓储机器人还具备自动充电功能，当电量低时会自动返回充电站。

仓储机器人在现代物流和仓储领域中发挥着重要作用。它们能够加速订单处理和发货过程，降低错误率，提高工作效率，并在大规模仓库和物流中心中降低劳动力成本。随着技术的不断进步，仓储机器人的功能和应用领域还将继续扩展。

【同步测试】

简答题

1．简述仓储的功能。

2. 简述仓储管理的模式。

3. 简述第三方仓储模式的优点和缺点。

4. 简述智慧仓储的特点。

5. 简述智慧仓储系统的构成及智慧仓储管理内容。

6. 举例说明云仓的三种模式，并指出云仓与传统仓储的区别。

7. 简述常见的智能仓储技术，说说各自具有哪些功能。

【同步实训】

智慧仓储认知

实训目标

1. 初步了解智能仓储技术及其作用。

2. 深刻理解智慧仓储的概念和特点。

实训要求

1. 参观智能仓库，或者登录相关网站，查询智慧仓储自动化改造方案。

2. 分析智慧仓储自动化改造方案使用了哪些智能仓储技术，这些技术具有哪些优势。

3. 分析智慧仓储自动化改造方案为企业带来了哪些利益。

实训指导

1. 指导学生参观智能仓库；或者提供网络资源，引导学生查询。

2. 指导学生了解相关的智慧仓储自动化改造方案。

3. 指导学生分析相关的智慧仓储自动化改造方案。

智慧仓储规划

知识目标

熟悉智慧仓储规划的目标和智慧仓储规划布局的基本原则。

掌握智慧仓储规划的内容。

掌握货位规划法则；熟悉货位规划优化方法。

技能目标

初步具备仓库总平面布置能力。

初步具备仓库空间需求分析能力。

初步具备仓库作业区规划设计能力。

初步具备货位规划优化能力。

素质目标

培养学生具备全局规划和系统思考的素质，培养学生的应变能力和解决实际问题的能力。

知识架构

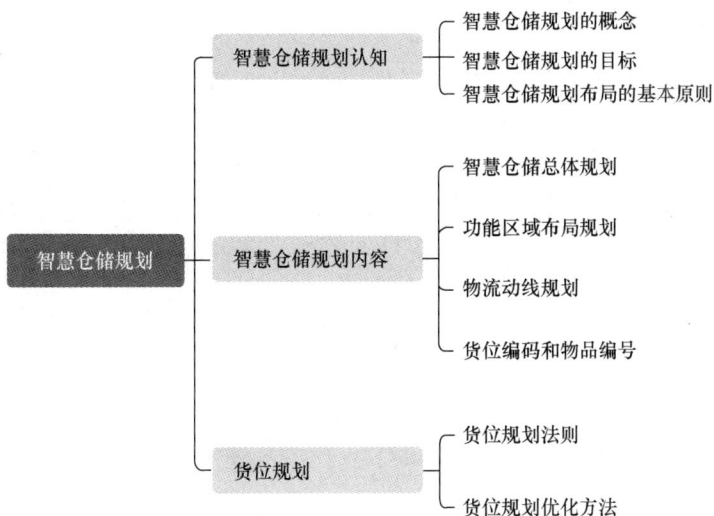

【案例导入】

项目组成立后，通过前期的沟通与调研，需要对仓库进行库内规划设计。对于仓储规划设计，作为技术负责人的朱工和负责规划设计的李经理进行了深度的研讨。朱工："我们来讨论一下仓储规划设计吧。首先，我认为合理的布局是关键，我们需要考虑如何最大化利用空间。"李经理："没错，布局确实很重要。我们可以采用立体货架来增加存储密度，同时确保通道宽敞，便于货物的搬运和出入库。"朱工："说得对。不过还要注意货物的分类和分区，将性质相似的货物放在一起，这样可以提高拣选和盘点的效率。"李经理："对，分类和分区能让我们更好地组织库存。另外，我们也需要考虑货物的移动路径，设计合理的物流流程，避免不必要的搬运和堵塞。"朱工："还有一个问题是如何应对不同类型的货物。有些货物可能需要特殊的存储条件，比如对温度、湿度有要求。"李经理："这是个重点。我们可以根据货物的要求，设置相应的存储区域，或者使用温控设备来满足特殊条件。"朱工："另外，安全也是不能忽视的。我们需要采取防火、防盗和防潮等措施，确保仓库的安全运营。"李经理："是的，安全措施必须到位。同时，我们也可以考虑采用自动化技术，比如自动化输送带和起重机，提高搬运效率和减少人力劳动。"朱工："自动化确实能带来一些优势，但成本也是一个需要考虑的因素。我们需要权衡投资回报率。"李经理："没错，成本效益分析是必要的。我们可以评估自动化设备的长期效益，以及对运营成本的影响。"朱工："还有一点，仓库管理系统的有效使用也很重要。一个高效的仓库管理系统能够帮助我们实时掌握库存情况，做出准确的决策。"

请思考：在进行智慧仓储规划时，需要考虑哪些方面？

任务一 智慧仓储规划认知

一、智慧仓储规划的概念

智慧仓储规划是指在一定区域或库区内，对智慧仓储总体、功能区域布局、物流动线等各种要素进行科学规划和整体设计。

智慧仓储规划在决定仓储作业效率、实现便利性和数据准确性等方面起到了基础性的作用。如何对仓储系统中的资源做出最有效的配置，使仓储系统整体达到最佳的绩效表现，是智慧仓储规划的重要内容。

二、智慧仓储规划的目标

智慧仓储规划的目标是实现仓储数字化、信息化、智能化、自动化和柔性化，从而提高仓储作业效率和精度，降低库存成本和风险。

1. 仓储数字化

智慧仓储系统是物流系统的大脑，其中大数据是智慧仓储系统的资源。要实现数据资源的全流程收集离不开仓储作业及管理的数字化。智慧仓储系统目前已经全面进入数字化阶段，仓储企业非常重视物流数据的收集、分析与应用。

2. 仓储信息化

智慧仓储系统中应用的任何先进技术与设施设备都是依靠物流信息来进行相互协作，进而实现各种仓储作业的。仓储信息化表现在物品本身的信息化、信息收集的数据库化、信息处理的电子化、信息传递的网络化和实时化、信息存储的数字化等。

3. 仓储自动化

仓储自动化是指仓储作业过程中的设备和设施自动化，包括包装、分拣、识别作业过程的自动化，其基础是仓储信息化。自动化是智能化的必要条件。仓储自动化主要体现在仓储设施的自动化、设施作业衔接的自动化等方面，依托于自动识别系统、自动监测系统、自动分拣系统、自动存取系统等系统实现对仓储信息的实时采集和追踪。

4. 仓储智能化

智能化是智慧仓储规划的核心目标。智慧仓储系统的智能化首先表现在仓储管理的智能化，利用已有的企业管理软件进行集成式的规划、管理和决策支持，然后通过仓储管理的智能化带动仓储作业的智能化，如采用智能控制技术、视觉技术等，使自动分拣设备、自动导引车、智能机器人等设备能够部分或全部代替人的工作，有效提高物流作业的效率和安全性，提升仓储的自动化水平。因此，智慧仓储系统不仅要求物流作业管理和物流决策智能化，而且要求物流设施设备等载体智能化，只有这样才能使仓储真正实现智能化。

5．仓储柔性化

为适应经常变化的社会环境，智慧仓储系统必须是灵活、可变的。在对市场快速反应的同时，智慧仓储系统还需依据"以客户为中心"的原则，根据客户"多品种、小批量、多批次、短周期"的需求特点，灵活组织和实施仓储作业。

▌三、智慧仓储规划布局的基本原则

智慧仓储规划布局以满足企业生产和销售需求为前提，优化仓储管理，提高仓储效率和降低成本。智慧仓储规划布局的基本原则如下。

1．总体规划原则

总体规划原则是指在智慧仓储规划布局中，必须综合考虑、系统分析所有可能对规划产生影响的因素，以获得最优方案。仓储系统是整个物流系统中的一个子系统，仓储系统与其他系统不但存在相互融合、相互促进的关系，而且存在相互制约、相互矛盾的关系。因此，在对仓储系统进行规划与布局时，必须把各种影响因素考虑进来，达成整个物流系统的整体最优。例如集装单位与仓储设施的配合，有利于仓储系统中各个环节的协调配合。

在进行仓储系统规划布局时，要对整个系统的所有方面进行统筹考虑。应对仓储系统的物流、信息流、商流进行分析，合理对"三流"进行集成与分流，保证高效、准确地实现物料流通与资金周转。

2．充分利用空间、场地原则

智慧仓储规划布局中，充分利用空间、场地应从垂直与水平两个方向考虑，在布局设备、物料、人员时应使三者之间相互配合，充分利用仓储空间，同时应使人员保持适当的作业空间以高效完成作业。

3．最小移动距离原则

移动距离越短，所需的时间和费用就越少。在智慧仓储规划布局中，应使智能设备、作业人员、货物在仓库内移动的距离最短，使货物在各功能区域合理移动，以最快的速度、最低的成本完成入库、出库作业，提高仓库的运作效率。

4．货物处理次数最少原则

货物从入库到出库需要经过多次处理，而每一次处理都需要花费一定的时间和费用。在进行智慧仓储规划布局时，可以通过复合操作、减少不必要的移动，或者引入能同时完成多个操作的设备，减少货物从入库到出库之间的处理次数。

5．能力平衡原则

仓储系统需要维持各种智能设备、各工作站间的均衡，使仓库能维持一个合理的速度运行。同时，智能设备的存储和输送能力要与仓储系统的需求相协调，从而避免仓储设施设备的浪费。

6．安全性原则

在进行智慧仓储规划布局时，应配备仓储作业安全设施和设备，并按照消防规定配备防火、防盗、防爆等安全设施，以保障作业安全。

7．成本和效益原则

在进行智慧仓储规划布局时应综合考虑仓储成本、仓储时间、仓储数量、仓储条件和仓储结构等因素，降低仓储成本，提高企业效益，最终为仓储决策提供参考。

任务二　智慧仓储规划内容

▌一、智慧仓储总体规划

智慧仓储总体规划是指对各种仓储行为进行整体的规划，对仓储模式、仓储设施、储存空间、信息管理系统等进行决策及设计。合理的仓储规划，可以有效地提高仓储工作效率，降低仓储作业成本，减小仓储工作人员的作业难度，提升仓储管理能力。智慧仓储规划对合理利用仓库和发挥仓库在物流中的作用有着重要意义。

（一）仓库规划的总体要求

在组建、规划仓库时，应本着方便、科学的原则，应符合表 2-1 中的要求。

表 2-1　仓库规划总体要求

序号	要求	具体说明
1	符合工艺要求	① 在地理位置上仓库须满足货物加工工序的要求 ② 相关仓区应尽可能地与加工现场相连，减少货物的搬运次数 ③ 各仓区最好有相应的规范作业程序说明
2	符合进出顺利的要求	① 在规划仓库时，要考虑到货物的运输问题 ② 要尽可能地将进出仓门与电梯相连，并规划出相应的运输通道，同时充分考虑运输路线等问题
3	安全	① 仓库要有充足的光、气、水、电、风、消防器材等 ② 要有防火通道、安全门、应急装置和一批培训合格的消防人员
4	分类存放	对所有货物进行分析、归纳分类，然后进行分类存储： ① 常用货物可分为原材料仓、半成品仓和成品仓 ② 工具仓主要用于存放各种工具 ③ 办公用品仓主要用于为仓库的日常管理提供各种常用办公用品 ④ 特殊货物仓主要用于存放有毒、易燃易爆品等物品

序号	要求	具体说明
5	系统集成	智慧仓储需要与现有的系统进行集成，如企业资源计划、客户关系管理等系统。因此，需要考虑系统集成的需求和难度，以便实现不同系统之间的数据交互和信息共享

仓库规划主要应考虑：仓库的发展战略和规模，如仓库的扩建、改造任务等；仓库的机械化发展水平和技术改造方向，如仓库的机械化、自动化水平等；仓库的主要经济指标，如仓库主要设备利用率、仓库劳动生产率、仓库吞吐存储能力、仓库存储能力利用率、储运品质指标、储运成本降低率等。因此，仓库规划是在仓库合理布局和正确选择库址的基础上，对库区的总体设计、仓库建设规模以及仓库存储保管技术水平的确定。

（二）仓库位置的确定

在进行仓库选址时，首先要考虑自然环境、经营环境、基础设施和其他因素，如表2-2所示。

表2-2 仓库选址考虑的因素

考虑因素	具体因素	说明
自然环境	气象条件	年降水量、空气温度与湿度、风力、无霜期长短、冻土厚度等
	地质条件	土壤的承载能力，避免淤泥层、流砂层等不良地质环境
	水文条件	远离容易泛滥的大河流域和易上溢的地下水区域，地下水位不能过高
	地形条件	选择地势高、地形平坦的地方，尽量避开山区及陡坡地区
经营环境	政策环境	是否有优惠的物流产业政策对物流产业进行扶持，当地的劳动力素质的高低
	商品特性	商品是否与产业结构、产品结构、工业布局紧密结合
	物流费用	选址尽量接近物流服务需求低的地方，如大型工业区、商业区
	服务水平	是否能及时将货物送达目的地，满足客户需求
	竞争对手	竞争对手的竞争策略，与竞争对手的实力对比，与竞争对手的差异
基础设施	交通条件	交通便利，最好靠近交通枢纽，如港口、车站、交通主干道
	公共设施	城市的道路畅通，通信发达，有完善的基础设施，如水电供应能力强、垃圾处理能力强
其他因素	国土资源利用	充分利用土地，节约用地，充分考虑地价的影响
	环境保护要求	保护自然与人文环境，尽可能减少对城市生活的干扰
	周边状况	周边不能有火源，不能靠近住宅区

其次要确定货仓的位置。货仓的位置因厂而异，它取决于各工厂实际需要。在确定货仓的位置时，应该考虑如下因素：

① 货物验收、进仓、储存是否容易；

② 货物发出、搬运、盘点是否容易；

③ 货物储存是否安全；

④ 有无扩充的弹性与潜能。

（三）仓库总平面布置

仓库总平面布置是指对一个仓库的各个组成部分，如库房、货棚、货场、辅助建筑物、铁路专用线、库内道路、附属固定设备等在规定的范围内进行平面和立体的全面合理安排。仓库总平面布置是一项复杂而又细致的工作，要求周密地考虑各方面的因素。

（1）仓库的专业化程度

仓库存储货物的种类越少，则仓库的专业化程度越高；相反，仓库存储货物的种类越多、越杂，则仓库的专业化程度越低。各种货物性质不同，装卸搬运方式和存储方法也会有所区别。进行仓库总平面布置时，应考虑各种货物的作业需要，按专业分工原则，确定货物种类、主要存储货物的要求和作业特点。

（2）仓库规模

大型仓库需规划更多库房、专用线及辅助设施（如充电站、维修区），且需预留设备通行主通道（宽度通常≥3米）；中小型仓库则以基础存储功能为主，布局更简化。

（3）环境设施、地质地形条件

进行仓库总平面布置时应考虑土壤的承载能力。仓库是货物集结地，货物会对地面形成较大的压力，如果地下存在淤泥层、流砂层等不良地质环境，则不适宜建设仓库。同时，仓库应建在地势高、地形平坦的地方，尽量避开山区及陡坡地区，最好选长方形地形。

（4）仓库总平面布置要求

① 适应仓储作业流程。库房、货棚、货场等储存场所的数量和比例要与存储货物数量和保管要求相适应，要保证库内货物移动方向合理，运输距离最短，作业环节和次数最少，仓库面积利用率最高。

② 提高仓库的经济性。总体布置要考虑地形、工程地质条件等，因地制宜，使仓库既能满足货物运输和存放的要求，又能避免大挖大掘，减少土方工程量。平面布置应该与竖向布置相适应，既满足仓储要求，有利于排水，又要充分利用原有地形。

③ 符合安全、卫生要求。库内各区域间、各建筑物间应该留有一定的防火间距，同时要设有各种防火、防盗等安全保护措施。此外，库内布置要符合卫生要求，考虑通风、照明、绿化等情况。

（5）功能分区

进行仓库总平面布置时首先要进行功能分区，即根据仓库各种建筑物的性质、使用要求、运输和安全要求等，将性质相同、功能相近、联系密切、对环境要求一致的建筑物分成若干组；再结合仓库用地内外的具体条件，合理地进行功能分区，在各个区中布置相应的建筑物。大型仓库一般包含生产作业区、辅助生产区、行政生活区三大部分。

生产作业区是仓储作业的主要场所，是库区的主体部分，主要包括库房、露天货场、道路、装卸站台等。其中，库房各组成部分的构成比例通常为：合格品存储区面积占总面积的 40%～50%；通道面积占总面积的 8%～12%；待检区及出入库收发作业区面积占总面积的 20%～30%；集结区面积占总面积的 10%～15%；待处理区和不合格品隔离区面积占总面积的 5%～10%。库区道路要通畅、简洁，要有足够的宽度。装卸站台是装卸货物的建筑平台，站台高度与车厢底面高度应相等，便于叉车等作业；站台的宽度和长度要根据作业方式与作业量大小而定。

辅助生产区包括维修车间、车库、包装间、配电室等，虽然不直接参与仓储作业，但它是完成仓储作业所必需的，辅助生产区的布置应尽量减少占地面积，保证仓库安全。

行政生活区是仓库行政管理机构所在区域和生活区域，一般设置在仓库出入口附近，便于业务接洽和管理，并且行政生活区与生产作业区应隔开，并保持一定距离，以保证仓库的安全及行政办公和生活的安静。行政生活区主要包括办公楼、食堂、宿舍、健身房等。

在规划各个区域时，必须注意使不同区域所占面积与仓库总面积保持合适的比例。其中，货物存储的规模决定了主要作业场所的规模，同时主要作业场所的规模又决定了各种辅助设施和行政生活场所的规模。各区域的比例必须与仓库的基本职能相适应，保证货物接收、发运和存储场所尽可能占最大的比例，提高仓库的利用率。

实际上，在物流企业的大中型仓库内设有库区和行政生活区，两区之间应有 2 米以上的实体围墙，围墙与库区建筑的距离不宜小于 5 米，并应满足围墙两侧建筑物间的防火距离要求。

将仓库内各个区域的相对位置反映在一张平面图上，即为仓库整体布局示意图，如图 2-1 所示。

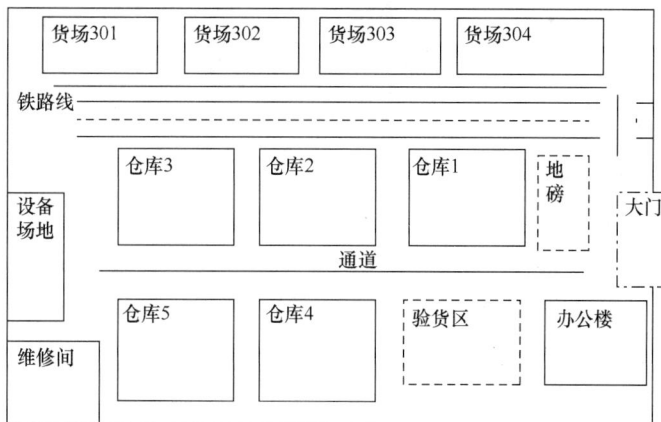

图 2-1　仓库整体布局示意

二、功能区域布局规划

仓储规划布局应满足仓库管理的各种功能需求，一般体现在以下5个方面。

① 仓库位置应便于货物入库、装卸和提取。

② 明确划分库内区域，并配置必要的安全、消防设施。

③ 应根据需求分类进行仓储规划布局。不同类型的仓库应分开设置，如集装箱货物仓库和零担仓库；库内应对不同货物进行分区存放，如发送、中转、到达货物。

④ 尽量减少货物在仓库内的搬运距离，避免迂回运输；库内布局需要满足先进装卸工艺和设备的作业需求。

⑤ 仓库货门的设置应考虑货物集中到达时的装卸作业需求，也要考虑增设货门造成的堆存面积的损失。

（一）仓库空间需求分析

在规划仓库布局时，首先要考虑仓库空间有哪些需求。仓库功能区域平面布局如图 2-2 所示。

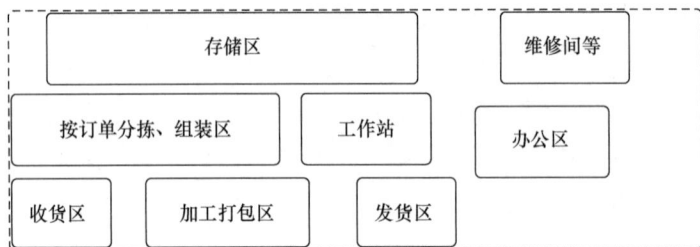

图 2-2　仓库功能区域平面布局

仓库空间需求分析的步骤为：首先对企业产品的需求进行预测，即根据产品种类估计在一定的销售时期内（通常为 30 天）产品的销售量；然后估计各类产品的安全储备数量；最后计算各部分所占的空间。在此基础上，企业还需为过道以及电梯、会议室等设施留出所需空间。仓库总空间的 1/3 通常无存储功能，可以通过计算机模拟来对这些空间进行决策。

（1）收货区与发货区

收货区与发货区是物流系统中的收货与发货接口，通常设在两个不同位置以保证较高的效率。企业需要决定是将收货点设在仓库外部，还是利用运输工具将货物直接卸载到仓库内部。企业还需考虑装卸货物以及存放设备、托盘等所需的空间。此外，还必须有进行核对、点数和检查工作的空间。收发货物的体积和频率决定了对收货与发货空间的需求。

（2）存储区

按照仓储作业的功能特点，存储区可分为待检区、待处理区、合格品存储区和不合格品隔离区等。待检区用于暂存处于待检状态的货物，一般采用黄色标识。待处理区用于暂存不具备验收条件或质量暂时不能确认的货物，一般采用白色标识。合格品存储区用于存储合格的货物，一般采用绿色标识。不合格品隔离区用于暂存质量不合格的货物，一般采用红色标识。

（3）按订单分拣、组装区

此空间是出于分拣和组装要求而设置的，其大小取决于货物的自然属性以及处理时所采用的设备。这一场所的布局对仓储的高效运作和为客户服务起着关键作用。

（4）工作站

工作站是拣选人员进行拣选、扫描的操作区域，拣选区域需设计拣选人员的操作空间、自动导引车在拣选台的排队区域和拣选区域。一般每个拣选台安装一个显示屏、货架以及扫描装置，拣选人员根据显示屏提示的拣选信息进行拣选作业，将拣选出来的货物进行扫描，系统提示拣选完成。

（5）其他空间

其他空间包括加工打包区、办公区、维修间等，视不同企业的需求而定。另外，不同的企业，其各区域的命名有所不同。

（二）仓库作业区规划设计

对于仓库的内部空间布局，主要考虑仓库作业区的规划设计。

（1）接货区

在接货区完成接货及入库前的工作，也称进货作业，如接货、卸货、清点、检验、分类、入库准备等。由于货物在接货区停留的时间不太长，并且货物处于流动状态，因此接货区的面积相对来说不太大。接货区的设施主要有装卸货站台、暂存验收检查装置等。

（2）立库存储区

在立库存储区存储或分类存储货物；主要涉及保存货物，并对在库货物进行检核。和接货区比较，立库存储区所占的面积较大，往往占仓储总面积的一半左右。从位置来看，立库存储区多设在紧靠接货站台的地方，也有的设在加工区的后面。

立库存储区应考虑最大限度地利用空间，最有效地利用设备，最安全和最经济地搬运货物，最好地保护和管理货物。在选择立库存储区位置时应考虑的问题有：根据货物的特性选择，大批量选大存储区，小批量选小存储区，笨重体大的货物存储于坚固的货架及接近发货区的区域，轻量货物存储于货架上层，相同和相似货物尽可能靠近，小而轻并且易于处理的货物存储于远储区，周转率低的货物存储于远离接货区、发货区的区域及仓库较高区，周转率高的货物存储于接近发货区的区域及低储位。

判断立库存储区规划是否合理的主要指标如表 2-3 所示。

表 2-3　判断立库存储区规划是否合理的主要指标

指标	公式	说明
储位面积利用率	$储位面积利用率 = \dfrac{储区面积}{仓库建筑面积} \times 100\%$	用于判断空间利用率是否合理
保管面积率	$保管面积率 = \dfrac{可保管面积}{储区面积} \times 100\%$	用于判断储位通道规划是否合理
储位容积使用率或单位面积保管量	$储位容积使用率 = \dfrac{存货总体积}{储位总体积} \times 100\%$ $单位面积保管量 = \dfrac{平均库存量}{可保管面积}$	用于判断储位规划及货架是否合理，是否有效利用储位空间
平均每品项所占储位数	$平均每品项所占储位数 = \dfrac{货架储位数}{总品项数}$	用于计算每储位保管的品项，从而判断储位管理是否得当
库存周转率	$库存周转率 = \dfrac{发货量}{平均库存量}$ 或 $\dfrac{营业额}{平均库存金额}$	用于检查企业运营成绩，并判断现货存量是否得当
库存掌握程度	$库存掌握程度 = \dfrac{实际库存量}{标准库存量} \times 100\%$	用于衡量货物库存率
呆废料率	$呆废料率 = \dfrac{呆废料件数}{平均库存量} \times 100\%$ 或 $\dfrac{呆废料金额}{平均库存金额} \times 100\%$	用于判断物流耗损影响资金积压的情况

（3）理货、备货区

在理货、备货区进行分货、拣货、配货作业，为送货做准备，主要有自动导引车拣选区、拆零拣选区等。对于用户的多品种、少批量、多批次配送（如中、小件杂货）需求，需进行复杂的分货、拣货、配货工作。大部分情况下，理货、备货区占仓库很大一部分面积；根据储存货物的特点，也有占仓库面积不大的。

（4）加工区

有许多类型的智慧仓储还设置加工区，在这个区域进行分装、包装、裁切、下料等各种类型的流通加工作业。加工区占仓库面积较大，但装置随加工种类的不同而有所区别。

（5）分放、配装区

一般情况下，企业按用户需要，将配好的货物暂存于分放、配装区等待装车。这个区域是用于暂存货物的，仓储时间短、货物周转快，所以这个区域面积相对较小。

（6）装载发货区

装载发货区用于将准备好的货物装入外运车辆发出。装载发货区的结构和接货区类似，有站台、外运路线等设施。有时候，装载发货区和分放、配装区是一体的，所有分好的货物直接通过传送装置进入装货场地。

（7）管理指挥区（办公室）

管理指挥区（办公室）可以集中设置于仓库某一位置，有时也分散设置于不同区域中。它可作为营业事务处理场所、内部指挥管理场所、信息场所等。

三、物流动线规划

一般认为仓库主要的工作包括货物验收入库、储存保管、流通加工、备货拣选、出库发货等，而安排这些工序的位置，决定了一件货物在仓库的运动路线，该运动路线称为物流动线。

物流动线规划应遵循不迂回、不交叉的原则。不迂回是指防止无效搬运；不交叉是指避免动线冲突，搬运不安全。物流动线是整个仓库有序运行的基础，对其进行合理的设计是仓库管理中至关重要的环节，可以提高整个仓储系统的运行效率。仓库内的物流动线分为 U 形、L 形、I 形、S 形。

（一）U 形物流动线

U 形物流动线中，仓库的出口与入口位于同一方向，货物的入库与出库在 U 形路径上完成且入库与出库位于同一侧。

U 形物流动线的优点：

① 可有效利用码头资源；

② 适合进行越库作业；

③ 使用同一通道供车辆出入；

④ 易于控制；

⑤ 可以在建筑物三个方向进行空间扩张。

U 形物流动线的缺点很明显：各功能区的运作范围经常重叠，交叉点也比较多，运作效率低；进出物流中心的货物在同一个货台上进行收发，容易造成混淆，特别是在繁忙时段及处理类似货物的情况下。U 形物流动线示意如图 2-3 所示。

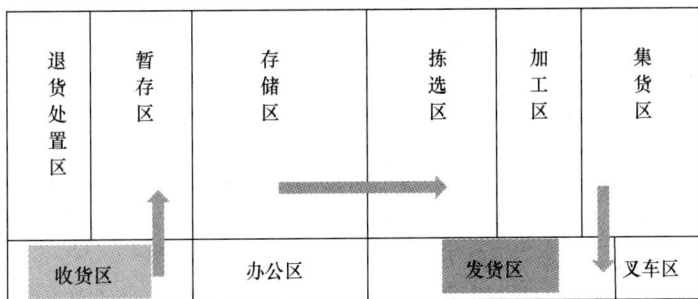

图 2-3　U 形物流动线示意

（二）L形物流动线

需要处理快速流转的货物的仓库通常采用 L 形物流动线，L 形物流动线把货物出入仓库的路径缩至最短。

L 形物流动线的优点：

① 可以应对进出货高峰同时发生的情况；

② 适合进行越库作业；

③ 可同时处理"快流"及"慢流"的货物。

L 形物流动线中，有两个独立货台，交叉点较少，适合处理快速流转的货物。L 形物流动线示意如图 2-4 所示。

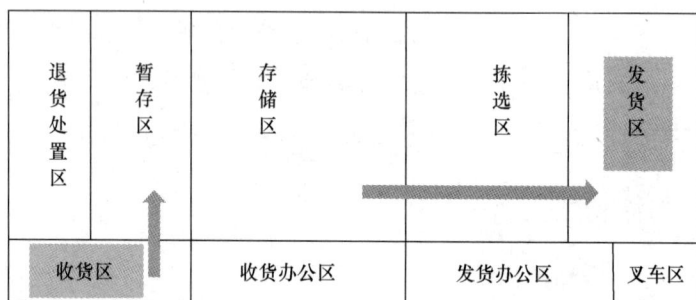

图 2-4　L 形物流动线示意

（三）I形物流动线

I 形物流动线中，收货区和发货区设置在仓库的两侧，设施和设备均沿通道两侧布置。

I 形物流动线的优点：

① 可以应对进出货高峰同时发生的情况；

② 常用于接收相邻加工厂的货物，或用不同类型的车辆来出货和发货。

I 形物流动线结构简单，各个作业单位的运作动线均是平行进行的，人流和货流之间的交叉较少，避免了搬运设备之间的相撞和拥堵情况，货物流转速度快，作业时间少；但单位面积利用率低，土地占用率高，投资成本高。I 形物流动线适用于大批量、高频次的货物作业。I 形物流动线示意如图 2-5 所示。

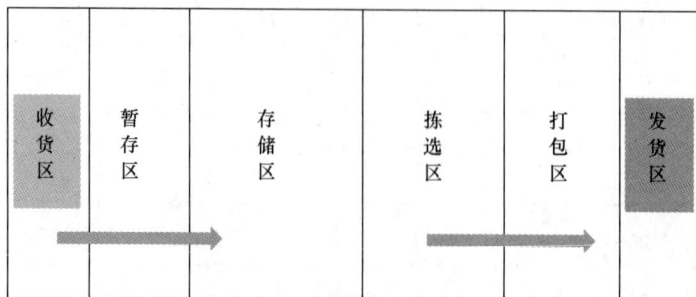

图 2-5　I 形物流动线示意

（四）S形物流动线

需要经过多步骤处理的货物一般采取S形物流动线。

S形物流动线的优点：

① 能够满足流通加工等多种处理工序的需要，且在宽度不足的仓库中作业；

② 可与I形物流动线结合在一起使用。

S形物流动线涉及多个功能区域的连接和货物在不同区域之间的频繁流转，物流动线较为复杂，特别是在物流高峰期，频繁的转弯和停顿容易造成货物拥堵。S形物流动线示意如图2-6所示。

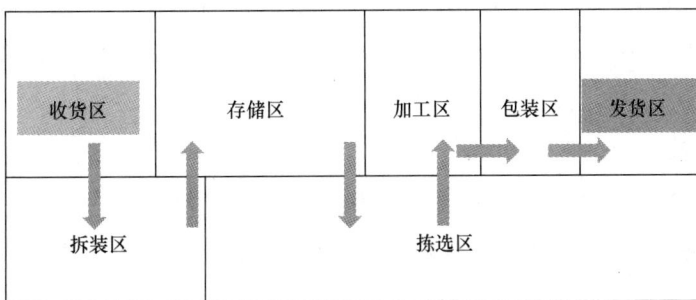

图2-6　S形物流动线示意

四、货位编码和物品编号

（一）货位编码

货位编码就是对货物存放场所按照位置的排列，采用统一标记编上顺序号码，并做出明显标识。具体来说，货位编码是指将仓库范围的房、棚、场及库房的楼层、仓间、货架、走道等按地点位置顺序编列号码，并做出明确标识，以便商品进出库可按号存取。常见的货位编码方法有以下几种。

1．地址法

地址法，即利用保管区域中的现成参考单位，例如栋、区、排、行、层、格等，依照其相关顺序进行编码。这种编码方法由于所标注的区域通常以一个货位为限，且有相对顺序可依循，使用起来简单又方便，所以是仓储中心使用最多的编码方法。地址法中通常采用三号定位法、四号定位法。

例如四号定位法，采用"库号-货架号-货架层号-货位号"编码。如A库区3号货架第2层第4列可用"A-3-2-4"表示。

四号定位法的编码规则如图2-7所示。

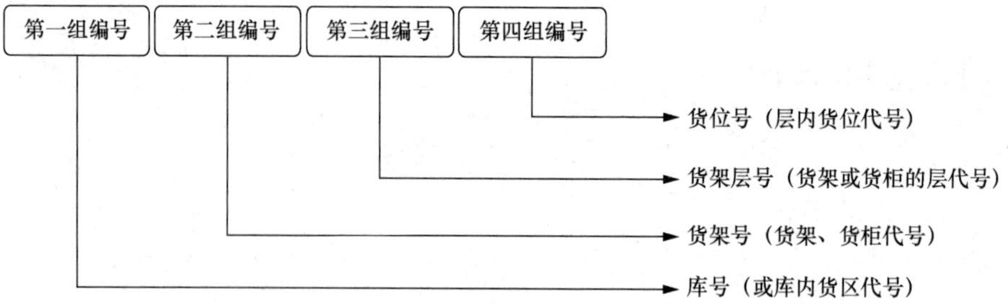

```
┌────────┐  ┌────────┐  ┌────────┐  ┌────────┐
│第一组编号│  │第二组编号│  │第三组编号│  │第四组编号│
└────────┘  └────────┘  └────────┘  └────────┘
```

→ 货位号（层内货位代号）

→ 货架层号（货架或货柜的层代号）

→ 货架号（货架、货柜代号）

→ 库号（或库内货区代号）

图 2-7　四号定位法的编码规则

2．区段法

区段法，即把保管区域分割成几个区段，再对每个区段编码。此种编码方法以区段为单位，每个号码所代表的货位区域很大，因此适用于容易单位化的货物，以及量大或保管周期短的货物。在 ABC 分类中的 A、B 类货物很适合用这种编码方法。这种方法下，货物以物流量大小来决定其所占的区段大小，以进出货频率来决定其配置顺序。

3．品类群法

品类群法，即先集合相关货物，将其区分成不同的品类群，再对每个品类群进行编码。这种编码方法适用于比较容易区分类别及品牌差距大的货物，例如服饰、五金等货物。

4．坐标法

坐标法是指利用空间概念来编排货位的方法。坐标法由于对每个货位的定位进行细小切割，在管理上比较复杂，所以适用于流通率很低，需要长时间存放的货物，即一些生命周期较长的货物。

一般而言，储存货物特性不同，所采用的货位编码方法也不同。应按照保管货物的储存量、流动率、保管空间布置及所使用的保管设备来选择编码方法。不同的编码方法对管理难度也有影响，只有综合考虑上述因素及信息管理设备，才能选到合适的编码方法。

（二）物品编号

物品管理是仓库管理的重点，物品的编号也是仓库规划的重要任务，企业必须采用合适的编号方法。

1．物品编号的要求

企业在进行物品编号时，要注意表 2-4 中所列的几点要求。

表 2-4　物品编号的要求

序号	要求	操作要点
1	简单明了	物品编号使用各种文字、符号、字母、数字表示时应尽量简单明了，不必编得太过复杂

序号	要求	操作要点
2	分类与延展	对于复杂的物品，进行粗分类后还需要进行细分类；编号时所选择的数字或字母要具有延展性，同时要考虑到未来新产品、新材料存在发展、扩充的情形
3	完整	所有的物品都应有对应的物品编号，新的物品应赋予新的编号
4	一一对应	一个物品编号只能代表一件物品，不能用一个物品编号代表数件物品，或用数个物品编号代表一件物品
5	统一标准	物品编号要统一，分类要有规律
6	合理有序	物品编号应有组织、有顺序，以便根据物品编号查询某件物品的资料
7	有足够的数量	物品编号所采用的文字、符号、字母、数字必须有足够的数量，以便所组成的物品编号足以代表所有已出现和未出现的物品
8	便于记忆	物品编号应选择容易记忆、有规律的方法，有暗示和联想的作用，使人不必强制性地记忆
9	能适应计算机管理	对各种物品的编号应结合各种计算机管理系统进行，要能方便在系统中查询、输入和检索

2．物品编号的方法

在对物品进行编号时，常使用数字、字母等，企业应根据物品种类的实际情况，选择简单、合理的编号方法。

（1）数字法。数字法是以阿拉伯数字为编号工具，按照属性方式、流水方式或阶层方式等进行编号的一种方法，如表 2-5 所示。

表 2-5　数字法编号

类别	分配号码
塑胶类	01～15
五金类	16～30
电子类	31～45
包材类	46～60
化工类	61～75
其他	76～90

（2）字母法。字母法是以英文字母为编号工具，按照各种方式进行编号的一种编号方法，如表 2-6 所示。

表 2-6　字母法编号

采购金额	物品种类	物品颜色
A：高价 B：中价 C：低价	A：五金 B：塑胶 C：电子 D：包材 E：化工	A：红色 B：橙色 C：黄色 D：绿色 E：青色 F：蓝色 G：紫色

（3）暗示法。暗示法是以字母或数字为编号工具，进行物品编号的一种方法。物品编号通过字母/数字的规律性设计，能够让人直观联想到对应物品。暗示法编号如表 2-7 所示。

表 2-7　暗示法编号

类别	螺钉规格/mm×mm
03008	3×8
04010	4×10
08015	8×15
15045	15×45
12035	12×35
20100	20×100

（4）混合法。混合法是指综合运用数字法、字母法、暗示法等各种方法，是工厂最常用的一种编号方法。比如，通过字母、数字等组合，单编号即可传递品类、规格、版本、材质、生产时间等多维度信息，减少仓库人员查阅手册的时间，易识别与管理。

任务三　货位规划

仓库货位规划，是仓储规划的基础工作。将货物放置到合适的货位，可以减少货物搬运成本，提升工人拣货效率，降低货物在存储及搬运过程中的损耗，从而降低仓库作业成本。

一、货位规划法则

（一）货物库存周转率法则

各项仓储作业中，最耗时费力的是搬运货物。因此确定货位时首先要考虑减少行走路径，把进出频繁的货物靠近出入口放置。零售型仓库货物入库时通常品少量大，而出库多为拆零，所以这类仓库首先要考虑将高周转率货物靠近出口放置。

（二）货物相关性法则

在库存货物中，有些品类常被同时订购。这些具有高相关性的货物应尽量存放在相邻货位，以缩短拣选路径。可以通过分析历史订单数据来找出库存货物的相关性。需要注意的是，相关性会随着销售季节变化。

（三）货物同一性法则

货物同一性是指同一种货物应存放在同一个货位，因为若一种货物存放在多个货位，其上架、拣选、盘点等作业工作量都会增加。现代仓库由于货物进出频繁，在实际操作中要做到一货一位是较难的。

（四）货物类似性法则

类似货物指主要属性相似的货物，例如黄豆和绿豆。这个法则要求把类似货物存放于相邻货位，这种方法就是常用的分类存储法。在仓储管理信息系统功能较弱时，分类存储可以大大降低人工管理难度，但这种存储方式有时会降低空间利用率、增加拣选路径，所以用这个法则时要酌情变通。

（五）货物互补性法则

这条法则要求将可互补的货物靠近存放，以便一种货物缺货时可以用另一种代替。这条法则适用面比较窄，因为仓库通常不能修改订单，对长期需求者，在预先有约定的条件下才可以这样做。

（六）先进先出法则

此法则要求先入库的货物先出库，通常适用于保质期较短的货物。若不认真规划货位和出入库流程，一般很难做到先进先出，还会多占货位和空间。例如，药品要按生产批次存放和配送。

（七）叠高法则

叠高法则即为了提高仓库空间利用率，应尽量将货物叠高存放。简单的一箱压一箱叠放不利于选择性取货，也不能叠放很高，所以产生了多层高位货架。多层高位货架有很多类型，需要配用不同的装卸机械。

（八）重量特性法则

货位规划需要依照货物的重量来安排存放位置。通常重货往下放，轻货往上放。此外，还要考虑机械搬运和人工搬运的不同，人工搬运的货物应存放在腰部以下位置，而机械搬运的货物的存放位置可以高些，具体高度由具体机械和货架决定。

（九）面对通道法则

为了使货物的存取方便快捷，货物应面对通道摆放。货物和货位的编号标志、名称等也应该布置在通道附近等容易看到的位置。同时，出货频率较高的货物应靠近主通道存放。

（十）货物尺寸法则

此法则要求按照货物外形大小来设计对应的货位空间大小。此法则也是选用货架类型的一个依据，企业可据此选择托盘、横梁式货架、层板式货架、储柜式货架等。

（十一）货位表示法则

货位表示法则要求使用简单规范、具有唯一性的方法来表示货位。目前多数仓库都使用字母加数字编码的方式，可表示货区、通道、排列、层、格等信息。简洁的货位表示法可以大大简化对货物的仓储管理。

（十二）明示法则

货位信息是仓储作业所需的基本信息，所以货位信息必须标示得非常明显，这对提高仓储作业效率是非常有效的。可以使用大小标牌、看板、位置指示灯、电子显示屏等显示仓库内的货位信息。

二、货位规划优化方法

（一）优化原则

优化货位规划时，除需要考虑以上提到的 12 项法则外，还需考虑以下原则。①大部分货物按大类分类存储，从而保证同一性。对于出库频次特别高的货物可集中存储。②为了避免仓库出现库容不足、频繁补货现象，需考虑货物的尺寸，将货物的重量也作为约束条件，将重量大的货物放置在货架下层，确保货架稳定。

（二）两阶段优化方法

阶段 1：确定每一大类货物的货位区域。

第一步：根据货物特性划分出大类，计算总的大类数，并统计每一大类的相关数据。

首先，根据货物的具体特征与出库频次，将货物分为 A、B 两类。A 类货物为出库频次（用选定时间段内含有该货物的订单数表示）前 10%的畅销品，单独存放在靠近分拣区的货位。其余为 B 类货物，适合采用按类存储的方式。其次，对于 B 类货物，由于其出库频次比较低且彼此差距不大，分开存放没有明显效果，所以将 B 类货物按大类进行细分，将 B 类货物中的每一类货物都看作一个整体。假设 B 类货物共有 14 个大类，加上 A 类货物，共有 15 个类别。最后，统计 15 个类别的日均出库量、订单相关性数据与日均出库体积数据。

第二步：根据货物大类数与仓库物理特性，将分拣区分成与大类数相同的片区数，并计算相关数据。

根据仓库货架大小、数量及不同货物在不同区域分布的具体情况，将分拣区大体分为 15 个片区。计算 15 个片区与分拣区的折线距离、15 个片区相互之间的折线距离、每个片区货位的平均体积。

第三步：根据数学模型，将货物大类与仓库片区一一对应，并根据各大类货物种类数调节各片区的面积与货位数量。

将 15 个类别的日均出库量、订单相关性数据、日均出库体积，以及 15 个片区与分拣区的折线距离、15 个片区相互之间的折线距离、每个片区货位的平均体积代入数学模型进行计算，得出每一类别大体应该放置的片区。再根据每一类别货物种类数，在邻近区域之间调节货位数量，并根据每类货物的业务扩大速度，预留一定数量的货位给新货物。

阶段 2：为每一大类货物分配具体货位。

第一步：统计各大类货物的货位到分拣包装线的折线距离，统计每种货物的日均出库频次与两两间的相关性。

第二步：将以上数据代入建立的数学模型进行计算，得出货物与货位对应表。

按上述思路进行货位的分配，可以保证出库频次越高的货物放在离分拣区越近的货位上，相关性越强的货物放在距离越近的相邻货位上，同时可以保证货物的同一性、相容性（大类货物间相容性较好，按大类分配货位后，相邻货物不相容的现象会大大减少）。

（三）模型假设与参数设置

根据实际情况，做出以下假设：

① 货物已存在销售记录；

② 分拣区的货位数已知；

③ 货物 SKU 数已知；

④ 选定时间内仓库的货物出库数据、订单数据已知；

⑤ 只考虑货物出库；

⑥ 只考虑货物两两之间的相关性；

⑦ 两点之间的距离按折线计。

模型的目标为：出库频次越高的货物放在离分拣区越近的货位上；相关性越强的货物放在距离越近的相邻货位上。

参数及变量设置如下。

i，j 为货物种类，i，$j=1$，2，3，$\cdots$，n；

k，l 为平面货位，k，$l=1$，2，3，$\cdots$，n；

p，q 为货架层数，p，$q=1$，2，3，$\cdots$，m；

C_{kp} 为 kp 货位到分拣区的折线距离（对一个仓库来说，货架布局一旦确定，C_{kp} 的值也就确定了）；

a_i 为 i 货物日均出库频次；

d_{ii} 为 i 货物到分拣区的折线距离；

$d_{ij}(i \neq j)$ 为 i 货物到 j 货物的折线距离；

$C_{kplq}(k \neq l,$且$p \neq q)$ 表示 kp 货位到 lq 货位的折线距离；

v_i 为 i 货物的日均出库体积；

V_k 为 k 货位的体积；

w_{kp} 为放置在 kp 货位的货物的重量；

t_i 为 i 货物的每天补货次数；

$x_{ikp}\left(x_{jlq}\right)$ 为 0～1 变量，取 1 时表示 i（或 j）货物放在 k 位置 p 层（或 l 位置 q 层）货位。

参数的计算方法如下。

距离计算：设货架共有 m 层，每层高度为 h，一般中间层最方便拣货，故选择第 $\left[\dfrac{m}{2}\right]$ 层为基础层，垂直距离转换为水平距离的转换系数为 ω，记位置 k 的 p 层货位到分拣区的距离为 c_{kp}。

$$c_{kp} = c_k + \omega h\left(\left|p - \left[\frac{m}{2}\right]\right|\right) \tag{2-1}$$

有如下重力约束，使得货物放置重心在货架中位线以下。

$$\sum_{p=1}^{m}\left(w_{kp} \times p\right)g \leqslant \left[\frac{m}{2}\right] \times \sum_{p=1}^{m} w_{kp}g\,(k=1,2,\cdots,n) \tag{2-2}$$

g 为重力加速度。

b_{ij} 表示 i 货物与 j 货物的相关系数（为避免不相关的货物之间因为偶然原因表现出相关性，当 $b_{ij} < 0.05$ 时令其取 0），具体计算方法如下。

第一步：对历史数据进行采样，取得一段时间的所有订单，统计出包含 i 货物的订单个数 p_i，组成数列。

$$p_i = \left(p_1, p_2, \cdots, p_n\right) \tag{2-3}$$

第二步：在含有 i 货物的订单中，统计出含有 j 货物的订单个数 q_{ij}，组成矩阵。

$$Q_{n \times n} = \begin{bmatrix} q_{11} & \cdots & q_{1n} \\ \vdots & \ddots & \vdots \\ q_{n1} & \cdots & q_{nn} \end{bmatrix} \qquad (2\text{-}4)$$

第三步：得到频率矩阵，当 $i=j$ 时，$b_{ij}=1$。

$$B_{n \times n} = (b_{ij}) = \left(\frac{q_{ij}}{p_i}\right) \qquad (2\text{-}5)$$

（四）货位规划整数规划模型

根据模型的目标，给出目标函数，如下所示。

$$\min z = \sum_{i=1}^{n} a_i \left(d_{ii} + \sum_{j>i}^{n} b_{ij} d_{ij}\right) = \sum_{i=1}^{n} a_i \left(\sum_{j \geq i}^{n} b_{ij} d_{ij}\right) \qquad (\because b_{ii}=1) \qquad (2\text{-}6)$$

$$d_{ij} = \sum_{k=1}^{n} \sum_{l=1}^{n} c_{kplq} x_{ikp} x_{jlq} \qquad (2\text{-}7)$$

$$\min z = \sum_{i=1}^{n} a_i \sum_{j \geq i}^{n} \sum_{k=1}^{n} \sum_{p=1}^{m} \sum_{l=1}^{n} \sum_{q=1}^{m} x_{ikp} x_{jlp} c_{kplq} b_{ij} \qquad (2\text{-}8)$$

因为货物与自己本身总是"同时出现在一个订单中"，故 $b_{ii}=1$，由此对目标函数进行化简。货物之间的距离实际上就是放置货物的货位之间的距离，d_{ij} 实际上是 c_{kplq} 与决策变量的乘积，因此目标函数也相应变成式（2-8）。

目标函数中的中货位采用平面位置与层数两位编码，表达冗余且不利于计算机计算，可转换成一位编码。

c_{kp} 表示 k 位置的 p 层货位，共有 $m \times n$ 货位，令 $c_e = c_{kp}$，其中 $e=(k-1)m+p$，$e \in (1, m \times n)$。则 w_e 表示放置在 e 货位货物的重量。a_i、b_{ij} 均是常数，设 $s_{ij} = a_i b_{ij}$，得到最终模型如下。

$$\min z = \sum_{i=1}^{n} \sum_{j \geq i}^{n} \sum_{e=1}^{n \times m} \sum_{f=1}^{n \times m} s_{ij} c_{el} x_{if} x_{jl} \qquad (2\text{-}9)$$

s.t.

$$\sum_{i=1}^{n \times m} x_{ie} = 1 \, (k=1,2,3,\cdots,n) \qquad (2\text{-}10)$$

$$\sum_{e=1}^{n \times m} x_{ie} = 1 \, (k=1,2,3,\cdots,n) \qquad (2\text{-}11)$$

$$v_i \leqslant V_k t_i \qquad (2\text{-}12)$$

$$\sum_{e=m(k-1)+1}^{m \times k} (w_e \times p) g \leqslant \frac{m}{2} \times \sum_{e=m(k-1)+1}^{m \times k} w_e g \left[p = e - (k-1)m, k=1,2,\cdots,n\right] \qquad (2\text{-}13)$$

在模型中，式（2-10）表示一个货位上只能放一种货物，式（2-11）表示一种货物只能放在一个货位上，式（2-12）表示 i 货物的日均出库体积小于等于 k 货位的体积与 i 货物的每天补货次数之积。式（2-13）表示货物放置使得货架重心在中位线以下。

（五）模型求解

由于仓库内存放的货物种类较多，很难通过一般的数学算法获得模型的最优解，因此采用启发式算法中的模拟退火算法求得次优解。

模拟退火算法基于物理中固体物质的退火过程与一般组合优化问题之间的相似性。模拟退火算法的思想是：在某一初始温度下，伴随温度参数的不断下降，结合概率突跳特性在解空间中随机寻找目标函数的全局最优解，即能从局部最优解中概率性地跳出并最终趋于全局最优的可行解。具体算法如下。

x 为模型的决策变量，其中 x_{best} 表示模型的最优解，x_0 为模型初始解，x_{new} 为每次迭代计算产生的新解；

n 为温度的迭代次数；

r 为每次温度迭代的乘数；

$T(n)$ 为当前迭代时的温度，T_{min} 为最低温度，T_{max} 为最高温度，$T(n) = T_{max}{}^* r^{n-1}$；

j 为当前温度下运算的次数，k 为每个温度下最大运算次数；

$E(x)$ 为当解为 x 时的目标函数，$\Delta E = E(x_{new}) - E(x_{best})$；

c 为 0 和 1 之间的随机数，$c = \text{random}[0,1]$；

p 为在 $\Delta E < 0$ 时接受当前解的概率，$p = \exp\left[-\Delta E / T(n)\right]$。

模拟退火算法基本步骤如下。

第一步：随机产生一个初始解 x_0，令 $x_{best} = x_0$，并计算目标函数值 $E(x_0)$。

第二步：设置初始温度 $T(0)=Th$，迭代次数 $n=1$。

第三步：对当前最优解 x，按照某一领域函数，产生一个新的解 x_{new} 计算新的目标函数值 $E(x_{new})$，并计算目标函数值的增量 $\Delta E = E(x_{new}) - E(x_{best})$。

第四步：若 $\Delta E < 0$，则 $x_{best} = x_{new}$；若 $\Delta E > 0$，则 $p = \exp\left[-\Delta E / T(n)\right]$。

第五步：若 $c = \text{random}[0,1] < p$，则 $x_{best} = x_{new}$。

第六步：若 $T(n) < T$，则输出当前最优解 x_{best}，算法结束；否则转至第三步。

【同步测试】

简答题

1. 智慧仓储规划的目标有哪些？

2. 智慧仓储规划布局应遵循的基本原则包括哪些？

3. 物流动线包括哪几种形式？各自的优缺点是什么？

4. 智慧仓储规划的具体内容有哪些？

5. 简述货位编码的方法。

6. 简述货位规划法则。

7. 简述货位规划优化方法。

【同步实训】

智慧物流功能区域布局设计

实训目标

1. 培养对仓储作业区域进行规划和设计的能力。

2. 培养物流系统规划和设计的思维。

实训要求

小牛科技有限公司是一家研发、设计、生产和销售创意小家电的实业型企业，主营产品包括智能音箱、可视化门铃、智能摄像头等多款智能化小家电产品。在数字化转型背景下，公司在南宁市高新工业园区新建"智能制造 2025"示范工厂，占地面积约 3 000 平方米，年产量超过 200 万件。

为了有效提升公司生产运营效率、改善产品质量，满足客户需求，公司生产车间现计划改造升级为"智慧生产车间"。该车间计划占地面积为 800 平方米（长 40 米×宽 20 米），主要包含原材料存储库、装配车间和成品库，具体如下。

原材料存储库（长 15 米×宽 12 米）：采用货到人作业模式与搬运机器人，主要用于原材料的存储与搬运。

装配车间（长 15 米×宽 12 米）：采用点到点作业模式与搬运机器人，主要用于装配车间原材料补给。装配车间原材料补给的转运接驳区域为长 7.7 米×宽 4.8 米。

产成品到自动化立体仓库的转运接驳区域为长 6 米×宽 7.2 米。

具体任务要求如下。

1. 阐述该公司采用的物流动线类型与原因。

2. 结合给定的数据，计算原材料所需货架数量并进行布局设计。

实训指导

1. 指导学生对比分析仓库不同物流动线的区别。

2. 指导学生思考计算货架数量所需的条件，使学生掌握根据存储物品特性及库存管理需求计算货架数量的方法。

项目三 智慧仓储软硬件系统

学习目标

知识目标

了解常见的智慧仓储硬件系统的种类。

掌握自动化输送系统、自动存取系统、自动小车存取系统、"货到人"拣选系统、自动分拣系统的组成、特点。

了解常见的智慧仓储软件系统的种类。

掌握仓库管理系统、仓库控制系统、仓库执行系统的主要功能。

理解仓库管理系统、仓库控制系统、仓库执行系统的不同点。

技能目标

初步具备仓库硬件系统优化配置的能力。

初步具备仓库软件系统优化配置的能力。

素质目标

培养学生的质量意识和责任心,引导学生不断关注行业新技术、新应用。

知识架构

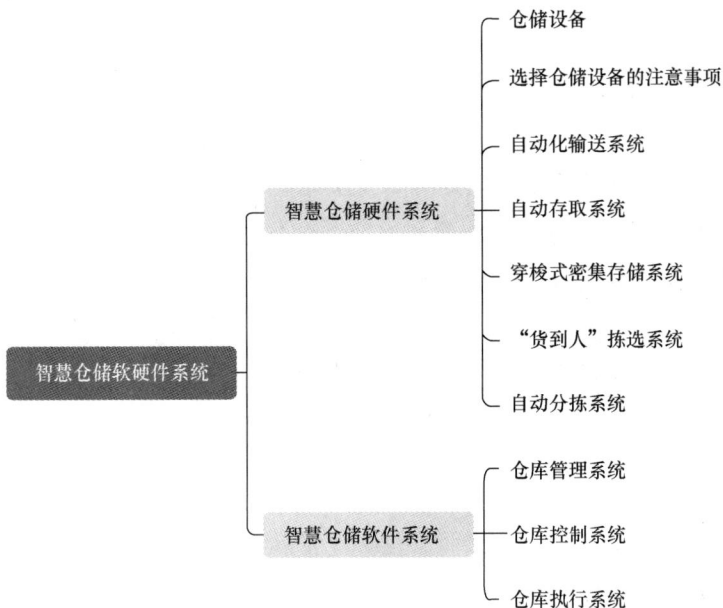

【案例导入】

朱工是项目组中的技术负责人，他找到了 A 市供应智慧物流设备及系统的 X 公司的刘经理，向其咨询仓库技术及设备选型的相关事宜。朱工："我们公司正在考虑升级仓储系统，引入智慧仓储技术。你能给我们介绍一下目前有哪些主流的技术吗？"刘经理："当然可以！目前，智慧仓储技术有很多种，其中比较流行的包括自动化仓储设备、物联网传感器、机器人技术和数据分析工具。"朱工："自动化仓储设备听起来很不错。它具体包括哪些设备呢？"刘经理："自动化仓储设备有自动导引车、起重机、输送带等。这些设备可以自动搬运和存储货物，提高效率并减少人工操作。"朱工："那么物联网传感器在智慧仓储中又起到什么作用呢？"刘经理："物联网传感器可以用于监测温度、湿度、货物位置等参数。它们可以提供实时数据，帮助您更好地管理库存和仓库环境。"朱工："机器人技术呢？其在仓储环境中有哪些应用？"刘经理："机器人可以执行各种任务，如货物拣选、包装、码垛等。它们能够快速而准确地工作，提高生产效率。"朱工："数据分析工具在智慧仓储中又是如何应用的呢？"刘经理："数据分析工具可以帮助您分析仓库运营数据，找出潜在的问题和改进点。您可以通过数据驱动的决策来优化仓储流程，提高效率和准确性。"朱工："这些技术听起来都很有潜力。那么在选型时，我们需要考虑哪些因素呢？"刘经理："首先，要考虑您的业务需求和预算。不同的技术解决方案成本不同，您需要根据实际情况进行权衡。"朱工："还有其他需要注意的吗？"刘经理："还需要考虑技术的可扩展性和与现有系统的集成性。另外，设备的可靠性、易于维护性和人员培训也是重要因素。"

高效先进的智慧仓储软硬件系统是打造智能仓储物流的基本要件。在合理规划仓储布局的前提下，企业可结合自身实际需要选择合适的软件系统和硬件系统，以提高物流运作效率和仓储的自动化水平。

请思考：

1. 企业进行智慧仓储自动化改造时，应如何选择其硬件系统和软件系统？

2. 常见的智慧仓储硬件系统有哪些？其组成和特点是什么？

3. 常见的智慧仓储软件系统有哪些，其有哪些功能模块？

任务一　智慧仓储硬件系统

一、仓储设备

（一）仓储设备的定义

仓储设备是指仓储业务所需的所有技术装置与机具，即仓库进行生产作业或辅助生产作业以及保证仓库和作业安全所必需的各种机械设备的总称。

微课视频

仓储设施设备-1

（二）仓储设备的特点

仓储设备是衡量仓储与物流技术水平高低的主要依据，现代仓储设备体现了现代仓储与物流技术的发展，其特点主要表现在以下四个方面。

微课视频

仓储设施设备-2

① 设备的专业化、标准化、机械化以及自动化程度高。

② 设备的社会化程度越来越高，设备结构越来越复杂，并且各设备在研究、设计、生产直至报废的各环节之间相互依赖、相互制约。

③ 设备出现了"四化"趋势，即连续化、大型化、高速化、电子化，提高了生产率。

④ 设备类型大多为能源密集型和资金密集型，能源消耗大，设备投资大，使用费用十分高，因而加强对设备的管理以提高其经济效益对物流企业来说非常重要。

（三）仓储设备的作用

仓储设备是构成仓储系统的重要部分，担负着仓储作业的各项任务，影响着仓储活动的每一个环节。离开仓储设备，仓储系统就无法运行。仓储设备的作用可以概括为以下三点。

1. 仓储设备是提高仓储系统效率的主要手段

一个完善的仓储系统离不开现代仓储设备的应用。许多新的仓储设备的研制开发，为现代仓储的发展做出了积极的贡献。实践证明，先进的仓储设备和先进的仓储管理是提高仓储能力、推动现代仓储迅速发展的两个"车轮"，缺一不可。

2．仓储设备是反映仓储系统水平的主要标志

仓储设备与仓储活动密切相关，在整个仓储活动的过程中伴随着存储保管、存期控制、数量管理、质量养护等功能作业及其他辅助作业环节，这些作业的高效完成需要不同的仓储设备。因此仓储设备的水平直接关系到仓储活动各项功能的有效实现和完善，决定着物流系统的技术含量。

3．仓储设备是影响仓储系统成本的主要因素

现代仓储设备是资金密集型的社会投资，其购置费用相当高昂。同时，为了维持仓储系统的正常运转，发挥仓储设备效能，还需要继续不断地投入大量资金。仓储设备的费用对仓储系统的投入产出分析有着重要的影响。

（四）仓储设备的分类

根据仓储设备在仓库中的用途，仓储设备可分为装卸搬运设备、存储设备、分拣设备以及其他设备。

1．装卸搬运设备

装卸搬运设备用于货物的出入库、库内搬移、升降和短距离输送，对改进仓储管理、降低工人劳动强度、提高收发货效率具有重要作用。这类设备在物流系统中使用频率最高、数量最多，是仓储设备的重要组成部分。装卸搬运设备主要包括输送机、码垛机、装卸机以及托盘搬运车等。

（1）输送机

在仓储系统中，搬运作业以集装单元化搬运最为普遍，因此，所使用的输送机也以单元负载式输送机为主。单元负载式输送机主要用于输送托盘、箱包件或其他有固定尺寸的集装单元货物。根据有无动力源，输送机可分为重力式输送机和动力输送机两类。重力式输送机根据滚动体的不同，可分为滚轮式、滚筒式和滚珠式三种。动力输送机，一般以电动机为动力，根据其驱动介质的不同，可以分为滚筒输送机、带式输送机、链式输送机等。

（2）码垛机

码垛机是将输送机输送来的料袋、纸箱或其他包装材料按照客户要求的工作方式自动堆叠成垛，并将成垛的物料进行输送的设备。例如，它可将已装入容器的纸箱，按一定排列码放在托盘、栈板（木质、塑胶）上，进行自动堆码，可堆码多层，然后推出，便于叉车运至仓库储存，可大大地减少劳动力和降低劳动强度。

（3）装卸机

装卸机是指用于装车、卸车和搬运的机械。

装卸笨重货物的装卸机有门式起重机、桥式起重机、汽车起重机、轮胎起重机、履带起重机、轨道起重机、固定式起重机和叉车等。

装卸散装货物主要采用卸煤机和装沙机与皮带输送机配合作业；其次采用单斗装载机和起重机配合抓斗作业，以及采用底开门自卸车辆配合高架线（栈桥）或皮带输送机作业。散装货物卸车量特别大的货场多采用翻车机卸车。装卸机的驱动方式主要是电力驱动，其次是热力驱动；传动方式主要是机械传动，次要是液体传动。

（4）托盘搬运车

托盘搬运车是叉车的一种，也被称为托盘车，是一种物流搬运设备，主要用于仓库内的水平搬运及货物装卸。在使用时，将其承载的货叉插入托盘孔内，由人力驱动液压系统来实现托盘货物的升起和下降，并由人力拉动完成搬运作业。它是托盘运输工具中最简便、最有效、最常见的装卸、搬运工具。

2．存储设备

存储设备主要用来存放货物，主要包括托盘、货橱、货架等。

（1）托盘

托盘即存放货物的水平平台装置，可以防止货物直接接触地面以及防止货物被水浸泡。托盘根据材质可以分为木制托盘、钢制托盘以及塑料托盘。

（2）货橱

货橱即存放货物的封闭式格架，主要用于存放比较贵重或需要特别养护的货物。

（3）货架

仓库货架的作用在于可以很好地利用仓库空间，把仓库的空间进行科学的划分，以此来提高仓储整体效率及科学性。仓库货架的种类主要包括以下十种。

① 托盘货架。托盘货架用于储存单元化托盘货物，配以巷道式堆垛机及其他储运机械进行作业。高层货架多采用整体式结构，一般由型钢焊接的货架片（带托盘），通过水平、垂直拉杆以及横梁等构件连接。

② 移动式货架。移动式货架易控制，安全可靠。移动式货架由一个电机驱动，用装置于货架下的滚轮沿铺设于地面上的轨道移动。其突出的优点是提高了空间利用率，一组货架只需一条通道。而固定式货架的一条通道，只服务于通道两侧的货架，所以在相同的空间内，移动式货架的储存能力一般比固定式货架强得多。

③ 穿梭式货架。穿梭式货架是由货架、台车以及叉车组成的高密度存储系统，可以实现高密度存储，提高仓库利用率。穿梭式货架的工作效率高，大大减少了作业等待时间；它的作业方式灵活，货物的存取方式可以先进先出，也可以先进后出；它的安全系数高，可以减少货架与叉车的碰撞，提高安全生产率；它对照明要求相对低，对比其他类型货架，整体投资更少。

④ 搁板式货架。搁板式货架通常使用人工存取货方法，组装式结构，层间距可调，

货物也常为集件或不是很重的未包装物品（便于人工存取）。搁板式货架高度通常在 2.5 米以下，否则人工难以涉及。搁板式货架按每层的载重量可分为轻、中、重型搁板式货架，层板主要为钢层板、木层板两种。

⑤ 流利式货架。流利式货架又称滑移式货架，采用滚轮式铝合金或钣金流利条，利用货物台架的自重，从一边通道存货，另一边通道取货，实现先进先出，存储方便。流利式货架存储效率高，适合大量货物的短期存放和拣选。流利式货架可配电子标签，实现货物的轻松管理，常用的相关滑动容器有周转箱、零件盒及纸箱，广泛应用于配送中心、装配车间以及出货频率较高的仓库。

⑥ 重力式货架。重力式货架采用的是先进先出的存储方式，货架高度及层数可按需而定，适用于少品种大批量同类货物的存储。重力式货架的每一个货格就是一个具有一定坡度的存货滑道。入库起重机装入滑道的货物单元能够在自重的作用下，自动地从入库端向出库端移动，直至移动到滑道的出库端或者碰上已有的货物单元停住为止。位于滑道出库端的第一个货物单元被出库起重机取走之后，在它后面的各个货物单元便在重力作用下依次向出库端移动一个货位。

⑦ 贯通式货架。贯通式货架又称通廊式货架或驶入式货架。贯通式货架可供叉车（或带货叉的搬运车）驶入通道存取货物，适用于储存品种少、批量大的货物。贯通式货架的存储密度较高，在同样的空间内比托盘货架几乎多一倍的储存能力，因为它取消了位于各排货架之间的巷道，将货架合并在一起，使同一层、同一列的货物互相贯通。

⑧ 阁楼式货架。阁楼式货架是在已有的货架或工作场地上建造一个中间阁楼以增加储存面积的货架。阁楼楼板上一般可放轻泡货物、中小件货物或储存期长的货物，可用叉车、输送带、提升机、电动葫芦或升降台提升货物。阁楼上一般采用轻型小车或托盘牵引小车作业。

⑨ 悬臂式货架。悬臂式货架是在立柱上装设悬臂而构成的货架。悬臂式货架结构简单、自重轻、造价低、装配简单；结构稳定、载重能力强；空间利用率低，为 35%～50%。悬臂式货架主要用于存放长形物料，如型材、管材、板材、线缆及不规则货物等；若要放置圆形货物，在其臂端需要装设阻挡块以防止货物滑落。货物存取由叉车、行车或人工进行。货架高度通常在 2.5 米以内（如由叉车存取货则可高达 6 米）。

⑩ 重型货架。重型货架是使用十分普遍的一种货架，其有拣取效率较高、成本低、安全可靠，组装、拆卸简单方便等特点，适用于人工存取箱式货物，或者与零件盒、周转箱配套装载零散重型货物。其固定架的储存密度较低，储存物品较重，须配合栈板和叉车使用，故又称为栈板式货架。

3．分拣设备

分拣设备用于对货物按品种、出入库顺序等进行分门别类的拣选、堆放。现代化的仓库大多使用自动分拣系统进行分拣工作，自动分拣系统主要包括以下四个部分。

（1）控制装置

控制装置的作用是识别、接收和处理分拣信号，根据分拣信号的要求指示分类装置按商品品种、商品送达地点或货主的类别对商品进行自动分类。这些分拣需求可以通过不同方式，如条形码扫描、色码扫描、键盘输入、重量检测、语音识别、高度检测及形状识别等，输入控制装置中，控制装置对这些分拣信号进行判断，来决定某一种商品该进入哪一个分拣道口。

（2）分类装置

分类装置的作用是根据控制装置发出的分拣指示，当具有相同分拣信号的商品经过分类装置时，分类装置改变货物在输送装置上的运行方向，使其进入其他输送机或进入分拣道口。分类装置的种类有很多，一般有推出式、浮出式、倾斜式和分支式，不同的分类装置对分拣货物的包装材料、包装重量、包装物底面的平滑程度等有不同的要求。

（3）输送装置

输送装置的主要组成部分是传送带或输送机，其作用是使待分拣商品连贯地通过控制装置、分类装置。输送装置的两侧一般要连接若干分拣道口，使分好类的商品滑下主输送机（或主传送带）以便进行后续作业。

（4）分拣道口

分拣道口是已经完成分拣的商品脱离主输送机（或主传送带）进入集货区域的通道，一般由钢带、皮带、滚筒等组成。商品从主输送装置滑向集货站台，在那里由工作人员集中后，入库储存或组配装车并进行配送作业。

上述四部分装置通过计算机网络联结在一起，配合人工控制及相应的人工处理环节构成一个完整的自动分拣系统。

4．其他设备

其他设备主要有以下五种。

（1）包装设备

包装设备主要指在完成全部或部分货物包装过程中使用的机械设备，通常按照功能可分为充填机、封口机、裹包机、贴标机、集装拆卸机、多功能包装机等。

（2）保管养护设备

保管养护设备是用于保管、养护货物的设备，主要包括各种吸水器、擦锈机、烘干机、温湿度控制器。

（3）计量检验设备

计量检验设备是在货物入库验收、在库检查和出库交接过程中使用的称量设备、量具及检验货物的各种仪器仪表。称量设备包括地中衡、轨道衡、磅秤、自动称量装置等；量具包括直尺、卷尺、卡钳、线规、游标卡尺和千分卡等。检验货物的仪器仪表有测湿仪、拉力机、硬度机、显微镜、光谱仪、光学分析仪器等。

（4）通风、照明、保暖设备

常见的通风、照明、保暖设备有联动开窗机械、抽风机、各式电扇、普通加罩电灯、探照灯、暖气装置、防护火炉等。

（5）消防设备

为了保证仓库的安全，必须根据储存货物的种类配置相应的消防设备。常见的消防设备有消火栓、灭火器、火灾报警器、防火门和防火卷帘、防排烟系统、自动喷水灭火系统等。

二、选择仓储设备的注意事项

（一）仓储设备的型号及数量应与仓库的日吞吐量、出入库作业频率相适应

仓库的日吞吐量与仓储设备的额定起重量、水平运行速度、起升和下降速度及设备的数量有关。当仓库的日吞吐量较大时，需要选择型号较大、承载能力强的仓储设备，如高位货架、叉车、堆垛机等，以满足存储和运输需求。同时，为了适应高频率的出入库作业，需要选择自动化程度高、操作简便的仓储设备，以提高作业效率。当仓库的日吞吐量较小时，可以选择型号较小、承载能力适中的仓储设备，同时根据实际需求选择适当的出入库作业方式，以降低成本。

此外，仓储设备的型号还应与仓库的出入库作业频率相适应。例如，综合性仓库，其日吞吐量不大，但是其收发作业频繁，作业量和作业时间很不均衡，应考虑选用起重载荷相对较小、工作繁忙程度较高的设备，如分拣机器人等。再如，专业性仓库，其日吞吐量大，但是收发作业并不频繁，作业量和作业时间均衡，应考虑选用起重载荷相对较大、工作繁忙程度较小的设备，如巷道堆垛起重机等。

设备的数量需要根据仓库的日吞吐量和出入库作业频率进行选择。如果仓库的日吞吐量较大或出入库作业频率较高，需要选择数量较多的仓储设备，以提高作业效率和应对高峰期的需求。

（二）搬运作业和计量作业同时完成

装卸搬运是仓储作业必不可少的环节之一，它贯穿整个仓储过程。如果搬运作业和计量作业分开进行，每次搬运都需要进行计量，将会浪费大量的时间和人力，同时也会增加货物的破损率和误差率。为了提高生产效率，可以将搬运作业和计量作业同时进行，在货物装卸搬运的过程中，同时进行货物的计量和记录，这样可以减少装卸搬运次数，提高生产效率。例如，在输送机上安装计量感应装置，当货物经过该装置时，装置能够

自动感应并识别货物的重量、尺寸等信息，并将信息传输到仓库管理系统中，在输送货物的同时，实现货物的快速、准确计量和记录。

（三）设备的先进性和适用性

在考虑设备配置的先进性时，需要对设备的技术水平、功能以及使用效果等方面进行全面考虑。一般来说，先进的设备能够提供更好的性能和更高的效率，同时也能更好地满足未来的发展需求。因此，在选择仓储设备时，需要结合企业自身的发展需求和实际需要来选择合适的设备。

（四）经济性

智慧仓储系统的建设成本和维护成本都是需要考虑的因素。在选择仓储设备时，需要考虑设备的价格、使用周期、维护成本以及能源消耗等方面的因素。一般来说，价格较高的设备可能具有更高的性能和更长的使用寿命，但是也需要考虑其是否满足企业的实际需求和符合企业的经济实力。因此，需要进行全面的成本效益分析，选择性价比高的设备。

（五）易用性

智慧仓储系统涉及不同的设备和系统，因此需要考虑到设备的易用性。一般来说，易用的设备能够提供更好的用户体验和更高的工作效率，同时也能减少操作失误和事故的发生。因此，在选择仓储设备时，需要选择易于操作和维护的设备。

（六）环保性

随着社会对环境保护的重视程度不断提高，设备的环保性也逐渐成为企业选择仓储设备时需要考虑的因素之一。在选择仓储设备时，需要选择环保型的设备，以减少对环境的影响。

三、自动化输送系统

自动化输送系统是一种通过使用自动化设备和技术，将货物从一个位置运输到另一个位置的系统。它可以进行水平、倾斜和垂直输送，根据预定的路径和时间表，自动完成货物的运输和处理。按照输送模式，自动化输送系统可以分为以下几种模式。

（一）输送机模式

所谓输送机模式，就是由各种自动输送机组成的自动化输送系统。从物流系统综合标准化的观点出发，输送机大量处理的货物是托盘装载单元、桶式容器、纸箱、袋装物等。

1．输送机模式的优点

① 连续输送，输送能力强。输送机可以不间断地进行输送，其装载和卸载均是在输送过程不停顿的情况下进行的，不会因为空载而导致输送间断；同时由于输送机不经常启动和制动，故可采用较快的输送速度。

② 消耗功率低。输送机动作单一，结构简单，自身重量较轻，造价较低，因受载均匀，速度稳定，工作中所消耗的功率一般比较低且变化不大。

③ 单台输送机的长度可加长。可由多台单独输送机组成多台输送机，实现长距离的输送，而且便于实现程序化控制和自动化操作。

④ 能够实现高效的物料搬运，适用于各种自动化仓库系统，特别是在需要高效率、大容量的物流环境中表现出色。

2．输送机模式的缺点

① 通用性较差，必须按整条输送路线布置输送机，输送设备多，输送路径复杂，属于刚性运输范畴，不宜做运输路线的更改。

② 造价比往复穿梭车高。

③ 通常为了满足运输能力需要，而由很多设备组合成出入库通道，占用面积过大。

3．智能仓库常用输送机

（1）带式输送机

① 带式输送机的概念、特点。

带式输送机又称胶带输送机，俗称皮带输送机。带式输送机通过输送带的连续或间歇运动来输送各种轻重不同的货物。

带式输送机具有以下特点：输送距离长，输送能力强，结构简单、投资少，营运费用低，操作简单、安全可靠，易实现自动控制。

② 带式输送机的分类。

带式输送机应用广，种类繁多，企业根据实际需要进行选择。

❖ 平皮带输送机。这种输送机主要用于水平或微倾斜角度的货物输送。它的结构简单，维护方便，可以输送各种类型的货物，如颗粒、块或粉末等。

❖ 平皮带水平输送机。这是一种结构简单的输送设备。它具有平稳的输送性能，可以在短时间内输送大量的货物。

❖ 皮带倾斜式输送机。这种输送机通常用于在一定倾斜角度下输送货物。它可以用于各种场景，如货物提升、货物分拣等。它的结构简单，易于维护，使用寿命长。

❖ 角度皮带输送机。这种输送机可以在不同角度的输送带上输送货物。它通常用于在生产线或自动化系统中输送货物。它的结构紧凑，可以适应各种应用场景。

③ 带式输送机的应用。

带式输送机既可输送各种散装货物，也可输送各种纸箱、包装袋等单件重量不大的货物。其广泛用于水平、倾斜向上、倾斜向下的货物输送，特别在电子、电器、机械、烟草、注塑、邮电、印刷、食品等行业应用广泛。

另外，带式输送机还与其他设备组合应用，以实现更高效、更灵活的货物搬运。在实际应用中，企业需要根据具体需求进行设备的选择和配置，以确保货物搬运的顺利进行。例如：在快递分类输送系统中，带式输送机与分类滑槽组合；在物流自动分拣系统中，带式输送机和滚筒输送机组合形成分类输送机系统；在港口，带式输送机可以与装船机、卸船机等设备组合使用，实现散装货物的连续输送和装卸。

（2）链式输送机

链式输送机是利用链条牵引、承载，或由链条上安装的板条、金属网带和辊道等承载货物的输送机。其常与其他输送机、升降装置等组成各种功能的生产线。链式输送机的种类很多，尚没有统一的分类方法。

① 链条输送机。

链条输送机以链条作为牵引和承载体输送货物，链条可以采用普通的套筒滚子输送链，也可采用其他特种链条。链条输送机的输送能力强，主要用于输送托盘、大型周转箱等。输送链条结构形式多样，并且有多种附件，易于实现积放输送，可用作装配生产线等。在自动化仓库中，货物的出入库作业都要通过链条输送机及堆垛机来实现。

链条输送机具有许多优点，能在高温和低温恶劣环境下工作，能高速或低速运行，能在水平内循环与陡坡的条件下搬运货物，装卸作业不停机、生产率高，还具有运行速度稳定、噪声小、消耗功率很小、寿命长等优点，在物流工程中应用广泛。

链条输送机有以下种类。

❖ 动力式链条输送机。动力式链条输送机可用于输送单元负载货物，如托盘、塑料箱，也可利用托盘输送其他形状物料。在动力式链条输送机的链条上装设变化多样的附件，则可产生多种形式的链条输送机（如滑动式、推杆式、滚动式、推板式、推块式等），滑动式及滚动式链条输送机广泛用于物流中心。

❖ 网带式链条输送机。网带式链条输送机，即网带和链条为一体，网带随链条一起运动的输送机。其广泛用于药品、化妆品、食品等行业的输送作业。

❖ 链式转盘输送机。链式转盘输送机可使货物改变流动方向，当货物从 A 方向来到链式转盘输送机上时，旋转驱动系统使其转动 90° 后按 B 方向移动，实现货物换向移动。

② 平板输送机。

平板输送机是指以平板作为承载构件的输送机。其可以与其他输送设备、升降机和起重机等配合使用，实现更复杂的输送任务。

a. 平板输送机的特点。

❖ 适用范围广。除黏度特别大的货物以外，一般固态货物和成件货物均可用平板输送机输送。

❖ 输送能力强。特别是鳞板输送机，一般称为双链有挡边波浪型板式输送机，其生产能力可高达 1 000 吨/时。

❖ 牵引链的强度高，可用于长距离输送。目前国内平板输送机的使用长度可达到 1 000 米。

❖ 输送线路布置灵活。与带式输送机相比，平板输送机可在较大倾角和较小弯曲半径的条件下输送，因此布置的灵活性较大。平板输送机的倾角可达 30°～35°。

❖ 在输送过程中可进行分类、干燥、冷却或装配等各种工艺加工。

❖ 运行平稳可靠。

b. 平板输送机的应用。

平板输送机广泛用于电子、冶金、煤炭、化工、电力、机械制造及国民经济的其他工业部门，它可沿水平或倾斜方向输送各种散状货物，也可用于流水生产线中运送成件货物。由于它的承载部分和运行部分均由金属材料构成，因而与其他连续运输机械相比，它可输送比较沉重的、粒度较大的、磨琢性强的货物，并且适宜输送高温（600℃～700℃）货物。

c. 平板输送机的分类。

平板输送机按布置形式可以分为水平型平板输送机、水平-倾斜型平板输送机、倾斜型平板输送机、弧形平板输送机等。

（3）滚筒输送机

滚筒输送机也叫作辊道输送机或辊子输送机，指能够输送单件重量很大的货物，或承受较大的冲击载荷的输送机。滚筒输送机适用于底部是平面的货物输送，具有输送量大、速度快、运转轻快、能够实现多品种共线分流输送的特点。滚筒输送机主要由传动滚筒、机架、支架、驱动部等部分组成。

① 滚筒输送机的特点。

❖ 适用于各类箱、包、托盘等货物的输送，散装货物、小件货物或不规则的货物需放在托盘上或周转箱内输送。

❖ 可输送单件重量很大的货物，或承受较大的冲击载荷。

❖ 结构形式多样。滚筒输送机按驱动方式可分为动力滚筒输送机和无动力滚筒输送机，按布置形式可分为水平输送滚筒输送机、倾斜输送滚筒输送机和转弯输送滚筒输送机。其还可按客户特殊要求设计，以满足各类客户的各种要求。

❖ 滚筒输送机之间易于衔接过渡，可用于与其他输送设备或专机组成复杂的物流输送系统，满足多方面的工艺需要。

❖ 可采用积放滚筒实现货物的堆积输送。

❖ 结构简单，可靠性高，使用维护方便。

② 滚筒输送机的分类。

❖ 直线滚筒输送机：直线式输送货物的输送机。

❖ 曲线滚筒输送机：曲线式输送货物的输送机。

❖ 自由滚筒输送机：输送机滚子是无驱动的。

❖ 驱动滚筒输送机：通过某种驱动滚子运动的输送机。

❖ 链条驱动滚筒输送机：用链条驱动滚子的输送机。

❖ 皮带驱动滚筒输送机：用皮带驱动滚子的输送机。所用皮带可以是平皮带、U形皮带和圆形皮带。

❖ 摩擦驱动滚筒输送机：用摩擦来驱动滚子的输送机。

❖ 马达驱动滚筒输送机：用马达驱动滚子的输送机。

❖ 滚珠输送机：用滚珠取代滚子的输送机。

③ 滚筒输送机的应用。

由滚筒输送机组成的生产线和装配线广泛用于机械加工、冶金与建材、军事工业、化工与医药、轻工与食品、邮电以及现代物流配送中心的分拣作业中，对提高生产率、降低劳动强度和组成自动化生产线具有重要意义。

在自动化仓库系统中，为了满足系统对托盘货物输送能力的要求，一般选用运输效率较高的滚筒式、链式输送机组成托盘自动化输送系统。根据自动输送的需求，可以用单一类型的输送机组合成具有特定功能的托盘自动化输送系统，也可以由几类输送机混合组成具有特定功能的托盘自动化输送系统。

（二）穿梭车模式

穿梭车在仓储物流设备中主要有两种形式：穿梭车式出入库系统和穿梭车式仓储系统。穿梭车式出入库系统主要应用于托盘自动化立体仓库系统。轨道式台车以往复或者回环方式在固定轨道上运行，将货物运送到指定地点或接驳设备。这种穿梭台车也称为有轨穿梭车、有轨搬运车（Rail Guide Vehicle，RGV）。穿梭车可分为往复穿梭车和环形穿梭车。

1. 往复穿梭车模式

（1）往复穿梭车的概念

往复穿梭车又称直行穿梭车（一般为双轨形式），是一种用于自动化物流系统中的智能型轨道导引搬运设备,可以在一段直线轨道上进行往返运动,通过直线路径将货物从一个站点输送到另一个站点。其主要应用于自动化物流系统中单元物流高速、高效的平面自动输送。

（2）往复穿梭车的组成

往复穿梭车主要由车体系统、输送装置、认址装置、导轨系统、安全保护装置、电气装置及穿梭车调度管理系统等组成。

（3）往复穿梭车的优点

往复穿梭车的优点有:系统简单明了,设备少,占地面积小,输送快捷,穿梭车上可设计自动取货装置,可以输送较重的托盘货物。

（4）往复穿梭车的缺点

往复穿梭车的缺点有:运输能力有限,对于规模大的立体库,不宜采用此方式,因为容易形成出库运力瓶颈,影响立体库系统的运行。另外,系统的可靠性受单台往复穿梭车的可靠性牵制过大,如果穿梭车发生故障,整个系统就无法完成入库作业。因此,提高穿梭车的可靠性尤为重要。

2. 环形穿梭车模式

往复穿梭车虽然系统简单、成本较低,但输送能力有限;为满足自动化仓库更大规模的出入库需求,采用环形穿梭车模式更为合适。环形轨道在平面内呈闭环布置,可同时运作多台穿梭车,实现托盘的横向和纵向输送,大大提升搬运能力和搬运效率,是未来 RGV 的发展趋势。

在环轨多车的模式下,RGV 单向行驶,按照接收到的任务信息顺次驶往目标站台接送货物。RGV 顺轨道行驶一周,接送完一次货物后又前往站台接收新的任务。

RGV 数量的多少直接影响系统的出库效率和整体能力:RGV 太少,则货物在站台积压,影响出库能力;RGV 过多,则设备利用率不高,且占用轨道后易造成阻塞,更会影响系统整体效率。因此,合理估算 RGV 的数量并进行优化调度是环形 RGV 系统的核心问题。

此外,平面布置的环形穿梭车模式轨道比较复杂,造价高,同时采用无线通信对其调度,技术难度较大。

（三）自动导引车模式

1. 自动导引车的概念

自动导引车（Automated Guided Vehicle,AGV）,是指装有电磁或光学等自动导航装置,能够沿规定导航路径行驶,具有安全保护以及各种移载功能的机械设备。自动导引车适合中高柔性的自动化输送系统,可柔性输送货物,输送距离较远。

2. 自动导引车的分类

自动导引车按照搬运货物和运行方式的不同,主要分为叉车式、牵引式、顶升式这三种类型。导航是自动导引车的核心部分之一，它让自动导引车知道自己所处的位置，并指引其运行方向和路径。常见的自动导引车导航方式可以分为电磁感应、激光、视觉、光学导航。

按照自动导引车是否铺设外部设备，可以将导航技术分为固定路径导航、自由路径导航和组合导航三种方式。

3．自动导引车模式的优点

① 自动化和智能化。自动导引车通过使用先进的导航和感知技术，能够自主地执行搬运任务，无须人工干预。自动导引车可以根据预定的程序和规则操作，实现智能化的货物搬运。

② 高效和稳定。自动导引车可以不间断运行，不受工作疲劳和人员调度限制。自动导引车以较快和一致的速度工作，提高了搬运任务的效率和准确性。

③ 灵活性和适应性。自动导引车可以根据生产需求和货物需求的变化，自主规划路径、适应负载变化，操作简便，能够适应不同的工作环境和满足不同的任务需求。

④ 安全性。自动导引车具有较高的安全性能，可以通过多种传感器和避障系统实现货物的稳定搬运，避免货物搬运过程中的意外碰撞和损失。

⑤ 降低人力成本。自动导引车可以代替人工完成危险或者高强度的工作，减少工伤的发生，同时也可以避免人员疲劳或技能不足导致的误差，提高生产效率。

⑥ 优化生产流程。自动导引车可以灵活地调整搬运时间和路径，优化运输流程，提高生产线上的分拣和搬运效率，从而整体上优化生产流程。

自动导引车模式的最大缺点是成本较高。

▌四、自动存取系统

（一）自动存取系统概述

自动存取系统（Automated Storage and Retrieval System，AS/RS）又称自动化立体仓库，是借助机械设施与计算机管理控制系统实现货物存入或取出的系统。其功能除了货物的储存保管外，还有货物的接收、分类、计量、包装、分拣配送、存档等多种功能。这有助于实现高效率和大容量的储存，能满足现代化生产和货物流通的需要。

20 世纪 50 年代初期，美国首先出现了使用高层货架的公司。该公司综合了桥式起重机和叉车的优点，对桥式起重机按叉车的作业方式进行改造，安装上类似叉车的货叉，能够从货架一侧完成存取货物的作业。1959 年，美国的另一家公司，在高层货架仓库安装巷道式堆垛机，由人来驾驶，缩小了通路的宽度，提高了作业效率和空间利用率。1963 年，美国率先在高架仓库中采用计算机控制技术，建立了第一座计算机控制的立体仓库。

随着自动化立体仓库的发展，自动化立体仓库在设计、制造、自动化控制等方面的技术日益成熟。目前自动化立体仓库的最大起重量超过 20 吨，起升高度达 50 米，长度达 200 米以上，速度达 200 米/分。

自动化立体仓库主要有以下优点。

① 仓储作业全部实现机械化、自动化。计算机能够始终准确无误地对各种信息进行存储和管理，能减少货物处理和信息处理过程中的差错。采用计算机管理能有效地利用仓库储存能力，便于清点和盘库，合理减少库存，加快资金周转，节约流动资金，提高仓库的管理水平。

② 采用高层货架立体储存，能够有效利用空间，减少占地面积，降低土地购置费用。目前世界上最高的自动化立体仓库已达 50 米。自动化立体仓库单位面积的储存量是普通仓库的 5~10 倍。

③ 采用托盘或料箱储存货物，极大地降低了物品破损率。

④ 充分利用储存空间，通过计算机可实现设备的联机控制，以先进先出的原则，迅速准确地处理货物，合理地进行库存管理及数据处理。

⑤ 可以对货物进行实时监控和管理，从而使货物的运输和分拣等工作更加精细化和高效化。同时，自动化设备的使用可以减少人为操作的失误和疏漏，提高物流运作的准确性和效率。

⑥ 为企业的生产指挥和决策提供有效的依据。自动化立体仓库是企业信息系统的重要组成部分，自动化立体仓库的信息系统与企业的生产信息系统联网，实现企业信息管理的自动化。由于仓储信息管理及时准确，便于企业随时掌握库存情况，所以企业可以根据库存信息制定相应的战略和计划，指挥、监测和调整企业的行动，提高了企业生产的应变能力和决策能力。

自动化立体仓库存在以下缺点。

① 结构复杂，配套设备多，需要的基建和设备投资高。

② 货架安装精度要求高，施工比较困难，而且施工周期长。

③ 储存货物的品种受到一定限制，对长、大、笨重的货物以及要求特殊保管条件的货物，必须单独设立存储系统。

④ 对货物的包装要求严格。

⑤ 弹性较小，难以应对储存高峰的需求。

🎓 提示

自动化立体仓库一旦建立，该设施接收和处理新项目的灵活性可能会受到限制，这些项目与系统设计处理的项目具有不同的特性。例如，较小的尺寸或重量差异可能导致产品超出系统的操作参数。

（二）自动化立体仓库的组成

一般，自动化立体仓库的主体由高层货架、巷道式堆垛机、出入库输送系统、辅助设备、自动控制系统等组成。货架是钢结构或钢筋混凝土结构的建筑物或结构体，货架内是标准尺寸的货位空间，巷道式堆垛机穿行于货架之间的巷道中，完成存、取货的工作。

1．高层货架

自动化立体仓库通过高层货架实现货物存储功能，充分利用立体空间。根据货物承载单元的不同，高层货架分为托盘货架和周转箱货架（存储容器是料箱而非托盘的系统则称为料箱自动化立体仓库）。

货架的形式有很多，而用在自动化立体仓库的货架一般有横梁式货架、牛腿式货架、流动式货架等，可根据货物单元的外形尺寸、重量及其他相关因素来合理选取货架。

货格的尺寸则取决于货物单元与货架立柱、横梁牛腿之间的间隙大小，同时，在一定程度上也受到货架结构型式及其他因素的影响。

2．存储设备

存储设备指用于装载货物的工具，例如托盘、料箱等。存储设备的选择依据储存货物形状、重量、体积、包装形式等特性。

3．巷道式堆垛机

巷道式堆垛机简称堆垛机，是自动化立体仓库的核心起重及运输设备，在货架之间的巷道内运行，主要用于搬运装在托盘上或货箱内的单元货物，实现取送货物的功能。

堆垛机速度的确定：根据仓库的流量要求，计算出堆垛机的水平速度、提升速度及货叉速度。其他参数及配置：根据仓库的实际需求、货物的特性以及运行环境等综合因素进行考虑。

按结构设计，堆垛机分为单立柱堆垛机和双立柱堆垛机，二者的主要区别如表 3-1 所示。

表 3-1　单立柱堆垛机、双立柱堆垛机对比

项目	单立柱堆垛机	双立柱堆垛机
结构	机架结构由 1 根立柱、上横梁和下横梁组成，呈矩形	机架结构由 2 根立柱、上横梁和下横梁构成，呈矩形，比单立柱堆垛机重
适用场景	起重量在 2 吨以下，起升高度在 16 米以下的仓库	各种起升高度的仓库，一般起重量可达 5 吨，必要时还可以更大
运行速度	相对较慢	高速运行
结构刚度和稳定性	相对较差	优于单立柱堆垛机

堆垛机的工作原理是通过伸缩货叉来实现货物的自动化搬运和存储。按照堆垛机的货叉设计和货架纵深方向的存储能力，堆垛机可分为单深位堆垛机、双深位堆垛机、多深位堆垛机。单深位堆垛机的货叉可以伸入一个货位。若在货架上存放双倍深度的货物，此时要配备双深位堆垛机，双深位堆垛机的货叉可以伸入前后两个货位或里外两层货位。如果要将货物存放在更深的仓储巷道中，则需要多深位堆垛机，多深位堆垛机的货叉可以伸入前后多个货位或里外多层库位。相应地，自动化立体仓库也分为单货位、双货位和多货位等形式，如图 3-1 所示。多货位立体库也被称为密集存储系统。三种立体库的特点如表 3-2 所示。

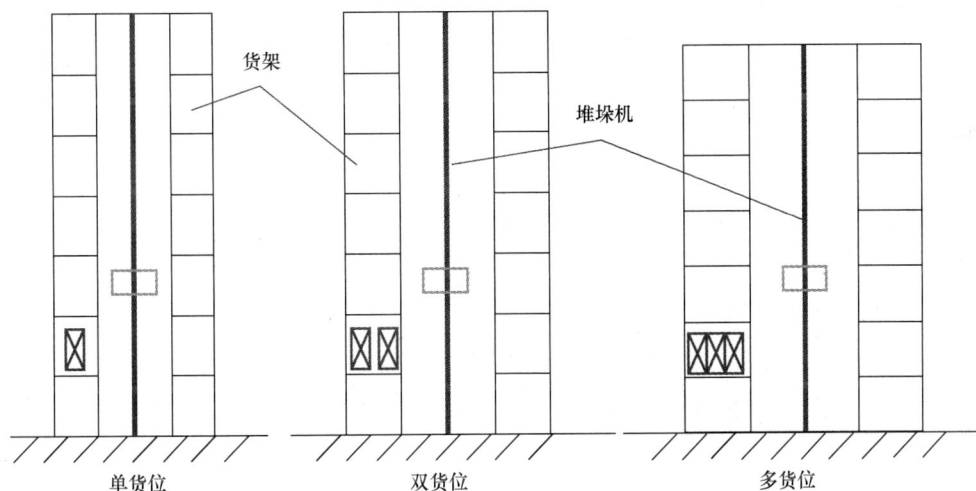

图 3-1 单货位、双货位、多货位立体库示意

表 3-2 单深位、双深位、多深位立体库特点

对比维度	单深位立体库	双深位立体库	多深位立体库（3 列及以上）
存储深度	1 列（货架纵深方向仅 1 列货物，紧邻巷道）	2 列（货架纵深方向前后 2 列货物）	3 列及以上（纵深方向多层货物，需特殊货叉或移动机构）
存储密度	最低	较高（比单深位提升 30%～50%）	最高（比单深位提升 50%～100%，但需平衡效率）
存取效率	最高（直接存取，无须额外移动）	中等（需货叉延伸至第 2 列，耗时增加）	最低（货叉需多次伸缩或堆垛机整体移动，效率显著降低）
设备复杂度	简单（短货叉，单深位设计）	中等（长货叉或双深位设计）	复杂（可能需要多级货叉、滑轨辅助或堆垛机双工位设计）
成本	最低（结构简单，维护成本低）	中等（设备成本提升约 20%～40%）	最高（设备成本高，维护难度大）

续表

对比维度	单深位立体库	双深位立体库	多深位立体库（3列及以上）
适用场景	高周转率、多SKU（如电商、零售仓）	中等周转率、品类较少（如大宗货物、快消品）	低周转率、品类单一（如冷库、原材料长期存储）
空间利用率	低（需更多巷道）	中（减少巷道数量）	高（巷道最少，货架纵深最大化）
SKU适应性	强（适合小件、多品类混合存储）	较弱（适合标准化包装或同品类货物）	弱（需高度统一的货物尺寸和包装）
典型货叉类型	单深位货叉（固定长度）	双深位货叉（可伸缩至第2列）	多级伸缩货叉、滑轨式货叉或双工位堆垛机
先进先出（FIFO）支持性	天然支持（每列仅1个货物，直接按顺序存取）	部分受限（需先取出前排货物才能操作后排，可能需倒库）	难以实现（纵深多层货物需频繁倒货，FIFO管理成本极高）

4．出入库输送系统

巷道式堆垛机只能在巷道内作业，而货物存储单元在巷道外的出入库需要通过出入库输送系统完成。一般的出入库输送系统还兼具入库货物的重量检测、外形检测、货物识别工具等功能，并完成货物方向的转变等。常见的出入库输送系统有传输带、有轨穿梭车、自动导引车、叉车、拆码垛机器人等，出入库输送系统与巷道式堆垛机对接，配合巷道式堆垛机完成货物的搬运、运输等作业。

出入库输送系统的参数如下。

① 输送速度：货物在输送线的行走速度，直接影响货物出入库的效率。

② 输送精度：主要影响货物与前后对接设备（比如堆垛机、自动导引车等）的对接效率，存在一定安全方面的考量。

③ 外形检测设备的精度：主要影响系统识别货物、判断货物的存储位置及载重。

出入库输送系统适用于电子、电器、食品、化学等行业和物流中心的货物输送和分配。在不同的物流规划中，可以根据工艺布局选用不同类型的输送机，并应用各种辅助装置，使货物完成连续输送、积存、翻转、分流、合流、提升作业等。

5．周边辅助设备

周边辅助设备包括自动识别系统、自动分拣设备等，其作用都是扩充自动化立体仓库的功能，如扩展分类、计量、包装、分拣等功能。

6．自动控制系统

自动控制系统是整个自动化立体仓库的控制核心，向上连接物流调度系统，接收货物的输送指令，向下连接输送设备实现底层输送设备的驱动、输送货物的检测与识别，完成物料输送及过程控制信息的传递。

7．仓库管理系统

仓库管理系统对订单、需求、出入库、货位、不合格品、库存状态等各类仓储信息进行分析和管理。该系统是自动化立体仓库的核心，是保证自动化立体库更好地被使用的关键。

（三）自动化立体仓库的分类

1．按建筑形式可分为整体式和分离式

（1）整体式

整体式自动化立体仓库中，货架除了存储货物以外，还作为建筑物的支撑结构，构成建筑物的一部分，一般整体式自动化立体仓库的高度在 12 米以上。这种仓库结构重量轻，整体性强，抗震性能好。

（2）分离式

分离式自动化立体仓库中，货架在建筑物内部独立存在，仓库的高度在 12 米以下，但也有 15 米至 20 米的。这种仓库适用于利用原有建筑物作为库房，或在厂房和仓库内单建一个高货架的场所。分离式自动化立体仓库已作为标准化系列推向市场。这种仓库之所以广受欢迎，是因为它造价低、工期短，采用先进控制系统，可实现自动、半自动和手动操作。

2．按照货物存取形式分为单元货架式、移动货架式和拣选货架式

（1）单元货架式

单元货架式自动化立体仓库是常见的仓库形式，货物先放在托盘或料箱内，再装入单元货架的货位上。

（2）移动货架式

移动货架式自动化立体仓库由电动货架组成，货架可以在轨道上行走，由控制装置控制货架合拢和分离。作业时货架分开，在巷道中可进行作业；没有作业时可将货架合拢，只留一条作业巷道，从而提高空间的利用率。

（3）拣选货架式

拣选货架式自动化立体仓库中，分拣机构是其核心部分，分为巷道内分拣和巷道外分拣两种方式。"人到货前拣选"是拣选人员乘拣选式堆垛机到货格前，从货格中拣选所需数量的货物出库。"货到人处拣选"是将存有所需货物的托盘或货箱由堆垛机运至拣选区，拣选人员按提货单的要求拣出所需货物，再将剩余的货物送回原地。

3．按照货架构造可分为单元货格式、贯通式、水平旋转式和垂直旋转式

（1）单元货格式

单元货格式与单元货架式类似，巷道占三分之一左右的面积。

（2）贯通式

为了提高仓库利用率，可以取消位于各排货架之间的巷道，将个体货架合并在一起，使每一层、同一列的货物互相贯通，形成能一次存放多货物单元的通道，而在另一端由出库起重机取货，形成贯通式自动化立体仓库。根据货物单元在通道内的移动方式，贯通式自动化立体仓库又可分为重力式货架自动化立体仓库和穿梭小车式货架自动化立体仓库。重力式货架自动化立体仓库中的每个存货通道只能存放同一种货物，所以它适用于储存品种不太多而数量又相对较大的货物。穿梭小车式货架仓库中的梭式小车可以由起重机从一个存货通道搬运到另一通道。

（3）水平旋转式

这类仓库的货架可以在水平面沿环形路线来回运行。每组货架由若干独立的货柜组成，用一台链式输送机将这些货柜串联起来。每个货柜下方有支撑滚轮，货柜上部有导向滚轮。传送机运转时，货柜便相应运动。需要提取某种货物时，只需在操作台上给予出库指令。当装有所需货物的货柜转到出货口时，传送机停止运转。这种货架十分适合小件货物的拣选作业。这种仓库简便实用，充分利用空间，适用于作业频率不太高的场合。

（4）垂直旋转式

这类仓库与水平旋转式自动化立体仓库相似，只是把水平面的旋转改为垂直面的旋转。这种仓库的货架特别适合存放长卷状货物，如地毯、地板革、胶片卷、电缆卷等。

五、穿梭式密集存储系统

（一）穿梭式密集存储系统的分类

穿梭式密集存储系统（Shuttle-Based Storage and Retrieval System, SBS/RS）是一种以穿梭车为核心设备的高密度自动化仓储方案，通过垂直货架与智能导航设备的协同，实现货物高效存取与空间最大化利用。根据使用穿梭车的复杂程度，穿梭式密集存储系统可分为如下 5 种。

1．穿梭车半自动密集存储系统

该系统下，穿梭车与叉车及货架系统组合使用，主要由人工操作叉车实现出入库及储存作业，穿梭车通过双向直线行驶来完成货物的储存与搬运作业。

2．穿梭子母车智能密集存储系统

该系统由穿梭母车、穿梭子车、快速垂直提升机、水平输送系统、货架系统、仓库管理系统及仓库控制系统组成。

穿梭子车负责存储巷道的搬运，穿梭母车负责横向转移巷道的搬运，快速垂直提升机及水平输送系统分别负责垂直方向及地面层水平方向的搬运。各单机及机组在无线网络的支持下相互连通，在仓库管理系统及仓库控制系统的调度下，相互呼应完成货物的先进先出或先进后出的入库及出库工作。

该系统适合食品等产品，且适用于低温冷链物流。

3．四向穿梭车智能密集存储系统

该系统是智能密集存储领域的另一主要形式，该系统由四向穿梭车、快速垂直提升机、水平输送系统、货架系统、仓库管理系统及仓库控制系统组成。

四向穿梭车可以在纵向存储巷道及横向转移通道做自动 90°方向切换，故除具有一般穿梭子母车的特性外，还适用于复杂地形环境下的仓库存储模式。各单机及机组在无线网络的支持下相互连通，在仓库管理系统及仓库控制系统的调度下，相互呼应完成货物的先进先出或先进后出的入库及出库工作。

该系统适合食品等产品，且适用于低温冷链物流。

4．多层穿梭车密集存储系统

该系统是由多组高速运行在专用货架单元上存取货物（件箱）的多层穿梭车、快速垂直提升机、箱式输送线、分拣线、仓库管理系统和仓库控制系统组成的集密集存储和"货到人"分拣为一体的自动化存储模式，是一种代替传统 Miniload 的更为先进、高效的适用于件箱物流的自动化存储模式。

多层穿梭车有单进深及双进深设计、双向及四向设计。

该系统广泛地应用于汽车配件、电子、生物制药等行业的轻型件箱物流模式。

5．穿梭立体库密集存储系统

该系统由巷道堆垛机、穿梭车、水平输送系统、货架系统、仓库管理系统及仓库控制系统组成。巷道堆垛机代替了穿梭母车和快速垂直提升机，简化了水平搬运和垂直搬运的流程，是传统的堆垛机和穿梭技术的融合，从而实现密集存储的目的。

（二）穿梭式密集存储系统的主要优势

1．存储容量明显增加

在密集存储的情况下，存储的容量比平面库提高 3～5 倍，比托盘式自动化立体仓库提高 30%以上。

2．标准化、模块化设计，扩展性好

在控制系统不变的情况下，该系统可以很容易地通过增减穿梭车或快速垂直提升机数量，提高系统出入库效率。

3．绿色节能

由于穿梭车作业的有效载荷与设备自重比值较小，所以该系统大大降低了每个存储单元存取作业的能耗。同时，系统可根据设备使用的繁忙度，让多余的穿梭车"休息"，以减少电力消耗。

但是，穿梭式密集存储系统并不适用于所有类型的仓储，也不可能取代自动存取系统，只是密集存储系统的一种补充形式。

六、"货到人"拣选系统

（一）"货到人"拣选系统的概念

"货到人"（Goods to person or Goods to man，G2P or G2M）拣选，指在物流拣选作业过程中，由自动化物流系统将货物搬运至固定站点以供拣选，即，货动，人不动。

"货到人"拣选是物流配送中心一种重要的拣选方式，与其对应的拣选方式是"人到货"（P2G or M2G）拣选。

最早的"货到人"拣选是由自动化立体仓库完成的，托盘或料箱被自动输送到拣选工作站，完成拣选后，剩余的部分自动返回立体仓库中储存。这种拣选方法一直沿用到现在。

（二）"货到人"拣选系统的组成

1．存储系统

存储系统是基础，其自动化水平决定了整个"货到人"拣选系统的存取能力，随着拆零拣选作业越来越多，货物存储单元也由过去的以托盘为主转向以纸箱/料箱为主。存储系统的两个重要参数是存储能力（货位数）和存取能力（吞吐能力），存储能力应根据实际需要设计，存取能力则要根据订单需求来设计，并要进行严格的计算，大型系统建议采用仿真验证。

按照存取技术，"货到人"拣选系统的存储系统分为以下几类，如表3-3所示。

表3-3　"货到人"拣选系统的六种存储系统

存取技术	存储单元	特点
自动存取系统堆垛机自动化立体仓库	托盘	有单深度和多深度立体仓库、长大件立体仓库、桥式堆垛立体仓库等，主要用于整件拣选

续表

存取技术	存储单元	特点
Miniload	箱	货叉和载货台形式多达数十种，存取能力最高可达每小时 250 次，可用于拆零拣选
垂直旋转式货柜		形式有数十种，受限于其存取能力和存储能力，在工厂的应用最为广泛
自动导向搬运车系统（AGVS）		如 Kiva 系列机器人，多用于电商仓库
多层穿梭车密集存储系统	箱	有 Autostore 系统、纵向穿梭车系统等，具有高效、柔性的特点，是"货到人"拣选系统的主要发展方向
2D 和 3D 密集存储系统	托盘和料箱	集 Miniload、穿梭车、提升机等多种系统于一体的全新一代存储系统，存储效率是传统立体仓库的 1.5～3 倍，被称为存储系统的里程碑成果

2．输送系统

输送系统负责将货物送到拣货员面前，它需要与快速存取能力相匹配。对于以电子商务为特点的物流系统来说，要求匹配每小时 1 000 次的输送任务并不是一件很困难的事情。事实上，采用多层输送系统和并行子输送系统的方式，可完成每小时 3 000次以上的输送任务，更大的输送量客观上是有需求的，但需要采用一些特殊的手段，如配合 3D 密集存储系统等。但是"货到人"输送系统由于输送流量大，设备成本大幅度增加，从而导致物流系统整体成本大幅度增加。因此，降低输送成本、简化输送系统是研究的重点。

箱式输送线的输送能力一般为 1 000～1 200 箱/时，因此对于拣选能力为 500～600箱的工作站，一条输送线只能配置 2 个拣选工作站。如果拣选工作站的拣选能力设置为 300～400 箱，则需要配置 3～4 个工作站。但是对 Kiva 或 CTU（Cargo Tracking and Uploading robot，料箱机器人）来说，情况会复杂一些，要根据总体输送能力来配置系统。

3．拣选工作站

拣选工作站即拣选系统。拣选工作站的型式多样，其基本功能是准确完成快速拣选。一个工作站要完成每小时多达 1 000 次的拣选任务，其设计非常重要。拣选工作站一般分为两层（也有采用单层的），上层为储存箱，下层为订单箱，储存箱一般采用两个位置，交替拣选，订单箱数量一般要根据具体情况确定。一般要求配置电子标签和图像辅助系统以提升拣选的准确性。

（三）"货到人"拣选系统的优势

1．拣选高效

以拆零拣选为例，"货到人"拣选系统每小时可以大约完成 800～1 000 订单行，是传统拆零拣选[包括纸单拣选、无线射频（RF）拣选]的 8～15 倍。高效的另一个指标是准确性。配合电子标签、RF 终端、称重系统等辅助拣选系统，"货到人"拣选系统拣选误差可控制在万分之五以内，可以从根本上去掉复核环节。

2．存储高效

"货到人"拣选系统由于采用立体存储和密集存储方式，所以其存储密度可以大大提高。以拆零拣选为例，采用立体存储，空间利用率可以达到 45%以上。如果采用密集存储技术，空间利用率可以达到 60%以上，是传统方式的 4～5 倍。

3．降低劳动强度

"货到人"拣选系统能够大幅度降低作业人员的劳动强度。传统的"人到货"拆零拣选作业，由于作业场地很大，完成一个班次的作业往往需要走很长的路程，作业人员苦不堪言。而"货到人"拆零拣选作业几乎没有行走路程，其作业平台充分考虑人体的舒适度，可调节平台高度，以适应不同身高作业人员的需求，劳动强度大大降低。

此外，"货到人"拣选系统还具有安全存储、快速存储等诸多优势，是传统拣选系统所不可比拟的。

七、自动分拣系统

（一）自动分拣系统概述

自动分拣系统指能够识别货物并根据一定标准对货物进行分类传输的自动化系统。其主要功能是将不同类的货物进行区分，以便后续统一处理。该系统在流通和第三方物流领域主要用于快递包裹的准确快速分拣、门店订单的准确备货；在生产领域主要用于生产物料和成品的准确快速分类、缺陷检测。

自动分拣系统具有以下特点。

1．连续、大批量地分拣货物

自动分拣系统不受气候、时间、人的体力等因素限制，可以连续运行超过 24 小时，每小时可分拣 1 万、2 万甚至 5 万件以上的货物。

2．分拣误差率极低

自动分拣系统的分拣误差率主要取决于所输入分拣信息的准确性，分拣信息的准确性又取决于分拣信息的输入机制。如果采用人工键盘或语音识别方式输入，则误差率一般在 3% 左右；如采用条形码扫描输入，通常准确率在 99.999% 以上。

3．分拣作业基本实现无人化

采用自动分拣系统的目的之一，就是减少作业人员数量，降低人员的劳动强度，提高人员的使用效率。自动分拣系统以机械化设备代替人工操作，最大限度地减少人员的使用，基本做到无人化，在降低成本、提升效率和提高准确率方面作用明显。

（二）四种常见的自动分拣系统

自动分拣系统由于技术差异和应用场景不同，类型多种多样。自动分拣系统性能的体现也较为依赖物流系统整体解决方案的设计。目前常见的自动分拣系统主要有以下几种。

1．自动分拣机械臂

自动分拣机械臂在物流领域有广泛应用，主要用于快速分拣、快速拆垛和码垛等作业场景。自动分拣机械臂通常配置真空吸盘或者夹取装置，通过吸取或夹取货物实现分类分拣。自动分拣机械臂本体的应用已经较为成熟，AI 视觉识别和运动规划算法、工业相机等的发展将使自动分拣机械臂的应用更加智能。自动分拣机械臂的优点是适用范围广，缺点是成本较高。

2．自动分拣机器人

自动分拣机器人包括自动导引车和自主移动机器人，能够根据导航自动将物品从起始点搬运至目的地。

自动导引车从 20 世纪 70 年代开始应用在工厂和仓库中，为了适应不同场景，自动导引车的导航技术不断进步，同时发展出多种本体形态。

自主移动机器人的导航系统和运动的灵活性比传统的自动导引车更高，不依赖固定的导航轨道或标志，能够自由运动及自主避障。

3．输送分拣机

输送分拣机具有很高的分拣效率，通常每小时可分拣商品 6 000～12 000 件。输送分拣机的种类很多，按布局型式可分为直线型、环线型，按出口型式可分为水平推出式、重力跌落式和在线导出式。常见的分拣型式有翻板式、交叉带式、落袋式、滑块式、直线窄带式、导轮式、模组带式、窄带式和摆臂式等多种类型。分拣型式不同，输送分拣机的特性与应用场景也各不相同。

4．全自动播种墙

全自动播种墙是高性能、模块化、可按需灵活扩展配置的自动分拣系统，满足不同形态物品的自动分拣。该系统由投料机构、输送机构、分拣机器人和货架格口、控制和管理系统组成。该系统可以快速准确地把货物运送到指定的格口，效率是非自动分拣的8倍以上，通过多个模块的组合可以进一步提高分拣速度。

（三）自动分拣系统发展趋势

1. 信息化和智能化趋势日益凸显

自动分拣系统朝着智能分拣系统发展，通过在传统的输送分拣设备上加装识别监控、数据分析装置，结合大数据深度学习技术，把物流分拣过程中的不同货物自动分类并进行有效的统计、计量、分类。智能分拣系统结合了自动化、机器学习、物联网等技术，以提高物流分拣的效率。该系统的使用将扩大和提升自动分拣系统的服务范围和服务能力。

2. 应用向细分化方向发展

在自动化分拣普及率较高的行业，未来自动分拣系统的应用将随着客户需求与业务形态变化向细分化方向发展。随着智能制造的推进，制造企业的生产环节和仓储环节对自动分拣系统的需求逐步增加，这也将成为行业发展的重点方向。

3. 系统向无人化方向发展

在整个分拣过程中依然有部分柔性工作需要人工操作，如运营管理、人工理货等依然制约着分拣作业效率及准确率，要彻底解决这一问题，无人化作业是首选。

任务二 智慧仓储软件系统

智慧仓储体系的多功能集成是其最大的特点。除了传统的库存管理之外，智慧仓储体系还涵盖了流通中货物的检验、识别、计量、保管、加工以及集散等功能，这些功能的实现都离不开智慧仓储软件系统的支持。现代仓储系统内部不仅采用了先进的硬件设备，同时还留有与"互联网+"、无线网扩展的接口，通过计算机网络实现对硬件设备的互联互通。在以仓储为核心的物流软件中对这些硬件设备进行远程控制，正是实现现代智慧仓储体系—集成管理的基础。

一、仓库管理系统

（一）仓库管理系统的概念

仓库管理系统指对物品入库、出库、盘点及其他相关仓库作业、仓储设施与设备、库区货位等实施全面管理的计算机信息系统。

仓库管理系统可以独立执行库存操作，也可以与企业的企业资源管理系统、供应链管理系统、订单管理系统、运输管理系统等系统进行集成，实现数据共享、流程协同和业务优化，从而提高企业的整体运营效率和竞争力，实现更高效的物流管理和资源规划。仓库管理系统与企业其他系统的关系如图 3-2 所示。

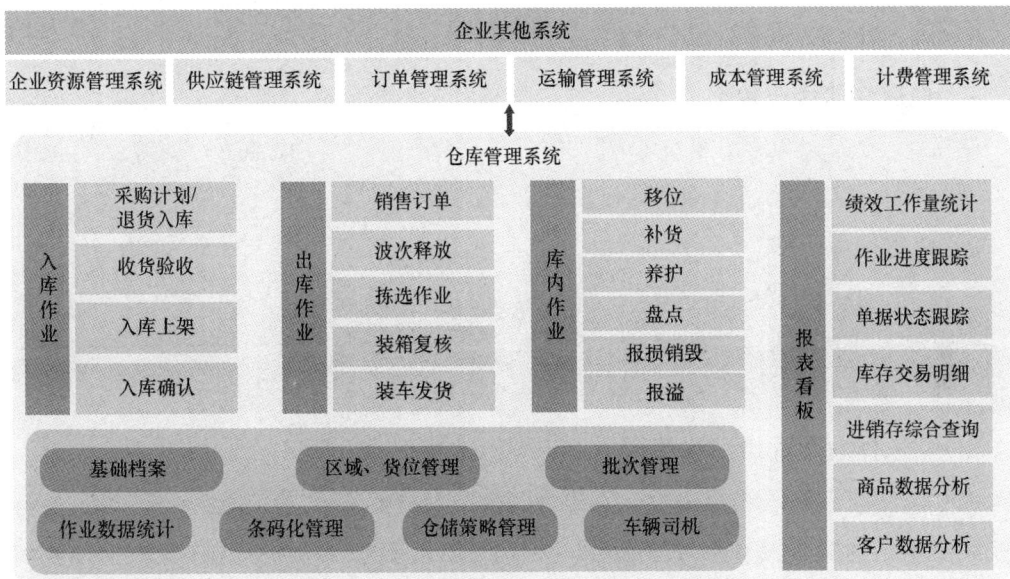

图 3-2　仓库管理系统与企业其他系统的关系

（二）仓库管理系统的主要功能

1．基本信息管理

基本信息管理包括对仓库的货位、货架、托盘等存储设施的管理，以及对货物种类、规格、批次等基本信息的维护。

2．货位管理

货位管理即合理划分出库区、货位，既提升仓库使用率，也方便查询货物的具体位置。

3．批次管理

批次管理即按批次管理货物，系统控制先进先出、先到期先出库，其中先进先出要让最早批次的货物先出库，避免产生呆滞料。

4．仓库作业管理

仓库作业管理即使用数据采集器完成收货、入库、拣货、出库、库存盘点、移库等操作，采集的数据上传到系统，系统自动对数据进行处理。

5．库存管理

库存管理即实时监控库存状态，对货物进行定期盘点和清理，确保库存信息的准确性和一致性。

6．系统设置

系统设置即根据企业的业务需求和管理习惯，对系统进行个性化配置和优化，如数据字典、报表生成、预警设置等。

（三）仓库管理系统的优点

1．提高仓储作业效率

使用数据采集器和条码技术，可完成日常仓库作业中的扫描工作，降低人工操作成本和错误率，提高货物出入库的速度和准确率。

2．降低成本

首先，应用仓库管理系统后，入库、出库、盘点全流程实现电子化操作、无纸化作业，节省成本。其次，该系统通过优化仓库布局、提高货位利用率等方式，降低仓库的运营成本。最后，该系统可减少人力和时间的浪费，为企业节省大量成本。

3．实现作业全程可视化管理

将仓库管理系统与看板集成，可以实时将现场的收货、急料处理、出货、备料等作业进度显示到看板上，让管理人员可以实时查看任务动态，方便合理安排任务和发现问题。

4．提高供应链管理水平

仓库管理系统可以与企业资源管理系统、制造执行系统以及仓库控制系统等信息化系统集成，实现上下链系统数据互联互通。这样可以实时监控库存状态和货物运输进度，实现供应链的透明化和可视化，帮助企业做出更准确的供应链计划和决策。

5．支持数据分析

仓库管理系统能够采集并分析大量的仓库运营数据，为企业提供数据支持和参考，从而帮助企业进行更精准的业务分析和预测。

（四）不同行业的仓库管理系统

每个行业的物流供应链都有其行业本身的特点，仓库管理系统讲究求同存异、量体裁衣。面对各行业的不同需求，设计者需要既能通过物流本质来解决共性问题，又能满足行业特性需求，解决企业矛盾。下面简单介绍不同行业仓库管理系统的特点。

1．第三方物流行业

① 支持多货主管理要求。全面支持多货主管理要求，可以建立对不同货主的全方位管理，为不同的货主提供差异化仓库管理服务，定义不同的运作策略。

② 支持多仓库管理要求。相关仓库间可以实现联动作业，构建一体化的物流服务体系；集中部署，以全局视角掌握和局部协调各类业务，支撑企业标准化运营。

③ 支持智能策略。支持多种智能化策略定义，如上架策略、拣选策略、补货策略、波次策略、盘点策略、ABC策略、出库策略等；当仓库作业指令到达仓库后，系统可根据预先制定的策略，自动编制执行方案；优化仓库作业动线，优化资源利用，解决作业瓶颈。

2．医药行业

医药行业可以细分为制药行业与医药流通行业，两者物流体系建设各有侧重：制药行业以大容量注射剂、片剂、胶囊剂、原料药为主，多采用从生产、搬运、码垛、入库、保管到出库的全自动作业模式；医药流通行业涵盖西药、中药、医疗器械，以降低库存、快速周转为目标，多采用具有多样性的拣选作业模式与高效率的分拣模式。

① 全程药品批号管理。仓库管理系统必须针对每一批次药品进行个性化、精细化管理，以药品批次为管理对象进行各项作业，支持先进先出、指定批号出库、不可混批出库、多批号出库等，确保药品批号的严格控制与追溯。

② 药品质量管理贯穿作业环节。仓库管理系统不仅需要独立完善的质量管理功能模块，在各作业环节，也应处处体现质量管控的要求，如抽样送检、逐笔验收、双人验收、近效期管理等，确保对药品质量的严格管控贯穿各个作业环节始终。

③ 医药认证支持。仓库管理系统的各个环节，应当遵循国际、国内的各类管理规范，满足医药行业的GMP（良好生产规范）、GSP（产品供应规范）、FDA（美国食品药品监督管理局）、EMEA（欧洲药物评审组织）等认证的要求。

④ 药品电子监管码接口。药品电子监管码是国家实施电子监管所赋予每件药品的唯一标识，仓库管理系统必须实现与药品电子监管码系统实时接口，在生产、流通的各环节实现药品电子监管码的获取、信息查询与信息上传，满足"双向追溯"的要求。

3．机械制造行业

机械制造行业依商品对象可以细分为仪器仪表、变速器、电机元器件、变频器、标准件等行业，其物流体系的典型特征就是自动供料、自动生产、自动保管、自动出库，通过自动化生产线对接全自动立体仓库，结合码垛机器人、自动导引车等机器设备实现全程一体化、自动化智能工厂物流。仓库管理系统在机械制造行业的主要特点如下。

① 工厂物流与仓储物流紧密结合。工厂物流与仓储物流通过全自动化设备紧密结合起来，仓库管理系统的管理对象不仅是仓库，还延伸到生产线、线边仓、工作台等，入、出库业务流程与库存管理在更广泛的范畴和更广义的空间中得到应用。

② 满足精益化生产。仓库管理系统与生产计划排程、生产调度管理、生产过程

控制等无缝衔接，在半成品、成品的生产出库、剩余返回、销售出库等环节，仓库管理系统进行智能化控制，杜绝浪费，实现不间断的作业流程，满足精益化生产的要求。

③ 设备任务智能控制。机械制造行业多以多样性机器设备来实现自动化工厂物流，仓库管理系统应当与仓库控制系统构建统一的技术平台，通过设备任务的整合优化、流量控制、动态路径分配、路径优化，以及设备工作时序的有效衔接与设备均衡负载，实现稳定可靠、智能优化的自动工厂物流。

4．零售行业

零售行业依据销售业态可分为 B2B、B2C 两种模式，B2B 可进一步细分为大卖场、标准超市、便利店等业态，零售物流主要通过自动化立体仓库实现持续压缩的库存模式，通过高速分拣机、电子标签拣选系统等实现快速准确的分拣模式，达成高效存储、快速分拣的全自动零售物流配送体系。

① 集约化库存控制。仓库管理系统必须具备多样化的库存策略，满足不同品类、不同 ABC 分类商品的存储策略，在物理层面将商品从业态、货主、促销等属性中抽象出来进行集约化存储，达到压缩库存量、加快库存周转的零售物流核心目标。

② 高效率配送履行。以生鲜品、日配品为代表的商品提升了零售物流的配送履行效率，仓库管理系统必须支持多样化分拣模式，支持不同的物流设备，支持播种、摘果、整箱、拆零等作业模式，实现 B2B 配送一日两次、B2C 配送半日送达，达到快速响应、准确履行的零售物流核心目标。

③ 物流费率准确计算。薄利多销是零售行业的经营理念，物流费率在零售行业得到强烈的关注。仓库管理系统需要对各个环节产生的物流费用进行精确计算，将统配与直送有机结合起来，将降低物流费率作为目标。

④ 门店与仓库的无缝衔接。通过仓库管理系统的信息共享，零售门店可以实时监测配送中心的订单交付情况，可采取免验收的模式，减少门店与仓库的交接工作量；配送中心可基于各门店商品配置陈列的数据，按照门店上架陈列顺序进行品类的拣选与包装，最大限度减少门店的上架陈列工作量。

⑤ 推式与拉式相结合。对新品、促销商品等商品可推行配送中心统一铺货模式，其余商品可采取基于安全库存的自动订货模式。仓库管理系统必须对商品库存进行实时监控与预警，通过多种优化算法实时分析与预测门店与消费者的需求，将推式与拉式供应链有机结合，最大限度地促进销售，避免缺货与销售损失。

⑥ 逆向物流处理。除了生鲜食品之外，零售行业的退货率相较其他行业始终居高不下，必须重视逆向物流的处理。仓库管理系统应当具备强大的退货处理功能，对退回

货物的接收、检验、保管、废弃等环节做到及时处理与响应，准确、高效、低成本地解决问题，并进行有效追溯。

二、仓库控制系统

（一）仓库控制系统的概念

仓库控制系统又称仓库设备调度系统，是介于仓库管理系统和可编程逻辑控制器（Programmable Logic Controller，PLC）之间的一层管理控制系统，可以有效协调输送机、堆垛机、穿梭车、分拣机、电子标签、自动导引车等物流设备之间的运行，主要通过任务引擎和消息引擎，优化分解任务、分析执行路径，为上层系统的调度指令提供执行保障，实现对各种设备系统接口的集成、统一调度和监控。

仓库控制系统常应用于自动化立体仓库之中，是自动化立体仓库的重要组成部分，它向上获取仓库管理系统的作业任务，向下对自动化设备发送详细操作指令。

（二）仓库控制系统与仓库管理系统的关系

仓库控制系统与仓库管理系统之间的关系就像人的大脑和神经系统之间的关系。仓库管理系统是人的大脑，负责思考、决策和发出指令；而仓库控制系统则像是神经系统，负责将这些指令传递给身体各部分，并监控身体的反应，再将相关信息反馈给大脑。

具体来说，即仓库管理系统接收订单、入库作业计划、出库作业计划等信息，经过分析处理，生成相应的指令，仓库控制系统接收仓库管理系统的作业指令，经过整理、组合形成各自动化系统的作业指令并发送给可编程逻辑控制器。可编程逻辑控制器根据这些指令驱动物流设备进行相应的机械动作，完成物流操作。同时，仓库控制系统实时监控可编程逻辑控制器的状态和数据，将这些信息反馈给仓库管理系统，使得仓库管理系统可以实时了解仓库的运行状态，并进行相应的调整和优化。

（三）仓库控制系统的主要功能

1. 任务管理

接收仓库管理系统下达的物流任务计划并生成队列，按照插入优先级进行排序，并实时反馈任务状态。

2. 设备调度

协调输送系统与设备之间的运行，完成仓库管理系统下达的任务，并调度输送设备回到初始位置。

3. 设备监控

实时监控自身与仓库管理系统的连接状态，监控物流设备的运行状况与任务执行情况，实现执行过程实时模拟。

4．物流监控

在线查询货物状态，通过设备编号来查询、显示相应的货物信息和设备信息。

5．故障提示

设备出现故障时，单击设备图标，可以查看故障原因。

6．运行记录

详细记录设备运行情况，包括对设备通信的记录、设备故障记录及操作记录。

（四）仓库控制系统与仓库管理系统集成后的效益

1．提高仓储精度

仓库管理系统可以实时更新库存信息，并与仓库控制系统进行数据交互，确保仓库的库存信息是准确无误的。当仓库管理系统发现某个库位的货物数量不足时，它会立刻发送指令给仓库控制系统，仓库控制系统会自动将需要的货物从其他位置调拨至该库位，整个过程高效准确。

2．降低操作难度，提升仓库的处理量

仓库管理系统和仓库控制系统的组合应用以及标准化的仓库业务流程，降低了对仓库作业人员的操作难度，使其可以快速处理入库、出库、调拨、盘点等作业，同时提高了人均作业量、仓库作业的准确率和仓库处理的业务量。

3．控制设备作业

在智能仓储中有很多智能设备，而这些设备由仓库控制系统来控制。仓库管理系统下达作业指令到仓库控制系统中，仓库控制系统便会控制这些设备进行作业。而如果设备出现故障和异常时，仓库控制系统可以以直接虚拟化的形式呈现给维护人员，便于设备的及时维护和恢复。

4．作业信息可追溯

通过仓库管理系统与仓库控制系统的无缝衔接与高效协作，企业能够实现仓库作业的高度自动化、信息化与智能化，显著减少人工干预，消除错误与延误，优化存储空间利用率，改善库存结构，提升库存周转率，灵活应对市场需求变化，全面提升物流与供应链的敏捷性和竞争力。

三、仓库执行系统

（一）仓库执行系统的概念

仓库执行系统（Warehouse Execution System，WES）是一种通过结合 WMS 和 WCS

中物流作业及设备物流作业相关要素，为物流中心运作提供全局性调度优化及实时决策的软件系统。

WES 的重点在执行优化上，尤其在智能工厂中，自动化立体仓库中的自动化设备种类增多，一开始可能只有自动化存取设备，比如堆垛起重机，如今可能有自动码盘设备、自动分拣设备、自动包装设备、自动拣货设备等一系列设备协同作业，完成自动出入库任务。WES 用于管理、同步和协调自动化驱动的任务和人工分配的任务，以在人和机器之间实现更好的协同和协调。

（二）仓库执行系统的功能

WES 包含 WMS 基本的收、发、存管理功能，能完成基础的仓储管理业务。

WES 包含 WCS 的自动存取、移位、作业管理、设备监控等功能，集成了设备控制、自动扫码和 RFID、外部 AGV 控制系统等功能组件。

WES 扩展了更多的自动控制功能，如自动组盘、声光控制（存放和拣选）、自动拆包和包装、自动拣选。更重要的是，WES 具备作业排程和调度功能，使得它更高效地执行复杂的组合式仓储作业。

WES 非常适合与 MES 高度集成，实现无人仓库，自动为 24 小时不间断生产线配送货物。但是复杂的管理需求还需要 WMS 来应对。

（三）仓库执行系统和仓库管理系统、仓库控制系统的不同点

WMS 的重点在于物流的数据管理，追踪货物在仓库的流入、流出和库内周转过程。WCS 的重点在自动化设备的控制，替代人工完成仓储作业。WES 的重点在执行的优化上，如作业任务必须有先后，符合控制逻辑；再如，物流路线的选择要符合设备负载均衡的原则等。三者的不同点如表 3-4 所示。

表 3-4　WMS、WES、WCS 的不同点

维度	WMS	WES	WCS
核心职责	全局管理仓库库存与业务流程	实时协调仓库作业流，优化订单执行与资源分配	直接控制自动化设备运行
功能重点	库存管理；订单处理与波次计划；数据报表与分析	订单优先级动态调度；任务分配与路径优化；实时监控作业效率	设备指令下发（如堆垛机、AGV）；设备状态监控
决策层级	高层计划层（战略与流程管理）	中层执行层（衔接计划与操作）	底层控制层（设备操作指令）
对接设备	不直接控制设备，通过 WCS 或 WES 下发指令	与 WMS、WCS 双向交互，间接控制设备	直接连接并控制自动化设备（如输送线、分拣机）

续表

维度	WMS	WES	WCS
典型应用场景	库存盘点；出入库流程管理；供应链数据整合	复杂订单混合处理；多设备协同作业优化	自动化立体仓库控制；分拣机/AGV调度
数据依赖	依赖ERP/WCS的静态数据（如库存、订单）	依赖WMS的库存数据和订单计划，结合WCS的设备状态	依赖设备实时状态数据
系统复杂度	中高（侧重流程与规则管理）	高（需动态平衡效率与资源）	中（侧重设备通信与指令解析）

（四）仓库执行系统的优点

1．订单下达更智能

传统的WMS缺乏自动化物料处理的实时可见性，而这恰好是WES的优势之一。可见性和相关规则引擎是WES协调工作、实现高效运营的核心。

WES会考虑订单优先级和发货截止时间，其对哪些子系统可以适应特殊的处理要求了如指掌。对于哪条包装线可以处理特定大小的纸箱或礼品盒包装，哪条包装线可以进行隐私包装等，WES都可以在后台持续不断地完成这些订单分配工作。

2．订单管理更合理

通过使用动态规则引擎，WES能够评估订单优先级、订单优化、库存和资源可用性、发货截止时间等，以支持自动化决策。更重要的是，WES不仅可以将工作分配给自动化系统，还可以将工作分配给人工流程。如果需要发货的订单不能适应自动化系统，或自动化系统工作已排满，无法给其分配更多工作时，这个功能通常可以有效解决问题。

3．决策更自动化

有效的WES对资源可用性和车间工作进度了如指掌，可以有效避免订单下达逻辑陷入瓶颈。订单履行中心经理可以信赖WES做出的影响仓库流程的关键决策，而不是通过查看数量繁多的用户界面或数据后自行判断。

配置WES需要较多精力，但一旦完成，围绕订单下达和资源平衡的关键决策就会自动运行。如：某个区域的逻辑陷入瓶颈，WES会减缓向该区域下达订单的速度，重新识别可使用的备选路径及资源，逐渐形成智能仓库。

过去几年里，尽管一些主流WMS供应商在嵌入式WES方面取得了长足进步，但选择何种WES仍以企业实际需求为主。例如有些企业使用WMS和WCS集成就可以满足业务需求。

对WES的需求取决于企业目前的WMS和WCS能力，企业的自动化水平、关于自动化流程的长线计划，以及企业的订单概要等核心因素。归根结底，选择何种 WES，要看企业目前拥有的解决方案是否满足其实际业务需求。

【同步测试】

简答题

1. 简述常用仓储设备的分类及其作用。

2. 简述自动化输送系统的模式、适用范围。

3. 简述自动化立体仓库的组成和分类。

4. 比较几种穿梭式密集存储系统。

5. 简述"货到人"拣货系统的组成及优势。

6. 什么是自动分拣系统？其由几部分组成？

7. 简述选择仓储设备的注意事项。

8. 什么是仓库管理系统？其主要特点和功能是什么？试举例说明如何选购仓库管理系统。

9. 什么是仓库控制系统？其主要有哪些功能？其和仓库管理系统是什么关系？二者集成后会产生哪些效益？

10. 试论述仓库管理系统、仓库控制系统、仓库执行系统三者之间的不同点。

【同步实训】

传统仓库自动化改造

实训目标

1. 深入了解自动化仓库软件系统的整体架构及各个功能模块的具体作用。

2. 全面掌握自动化仓库硬件系统的构成要素，并熟悉其各自的特点与优势。

实训要求

1. 实地参观一家传统仓库，详细了解该仓库所处的行业背景、日常出入库货物的吞吐量、业务流程，以及当前面临的主要问题等情况。

2. 针对参观的传统仓库开展自动化改造工作。重点完成自动存取系统的设备选型，同时要合理选择适配的软件，明确软件应包含的功能模块，确保自动化改造方案科学合理、切实可行。

实训指导

1. 引导学生明确本次传统仓库自动化改造的设计目标和具体需求，使学生清晰了解改造的方向和重点。

2．指导学生进行现场调研工作，全面了解仓库的实际运行状况，如出入库效率、平均库存量、最大库存量、货物搬运方式、仓库空间布局等信息，为后续的改造设计提供准确的数据支持。

3．帮助学生根据调研结果和设计需求，选择合适的自动存取系统设备，综合考虑设备的性能、可靠性、成本等因素。

4．指导学生筛选自动存取系统的软件，确保软件具备仓库管理所需的各项功能，如货物入库管理、出库管理、库存盘点、库存预警、设备调度等，同时要考虑软件与所选硬件设备的兼容性和集成性。

智慧仓储作业管理

学习目标

知识目标

掌握智慧仓储入库管理。

掌握智慧仓储在库管理。

掌握智慧仓储出库管理。

了解拣货路径规划。

技能目标

能结合仓库管理系统进行入库管理。

能结合仓库管理系统进行在库管理。

能结合仓库管理系统进行出库管理。

初步具备拣货路径规划能力。

素质目标

引导学生树立严谨负责的职业态度，使其深刻理解仓储作业中遵循规范流程的重要性，并强化学生对货物安全、库存准确的责任意识。

知识架构

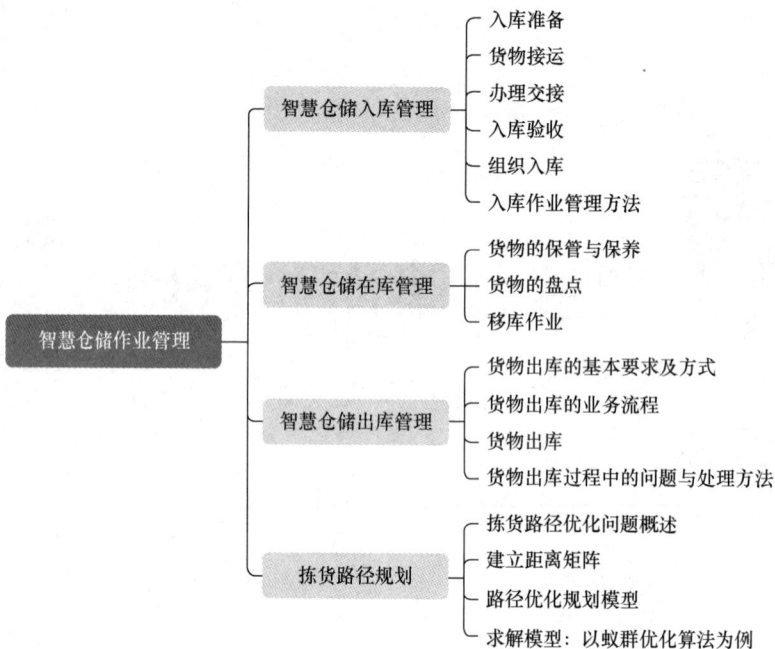

智慧仓储作业管理
- 智慧仓储入库管理
  - 入库准备
  - 货物接运
  - 办理交接
  - 入库验收
  - 组织入库
  - 入库作业管理方法
- 智慧仓储在库管理
  - 货物的保管与保养
  - 货物的盘点
  - 移库作业
- 智慧仓储出库管理
  - 货物出库的基本要求及方式
  - 货物出库的业务流程
  - 货物出库
  - 货物出库过程中的问题与处理方法
- 拣货路径规划
  - 拣货路径优化问题概述
  - 建立距离矩阵
  - 路径优化规划模型
  - 求解模型：以蚁群优化算法为例

【案例导入】

华为在东莞松山湖建立了一个占地面积达 25 000 ㎡ 的现代化自动物流中心——华为松山湖供应链物流中心。该物流中心集成了射频（RF）、电子标签拣货系统（PTL）、货到人拣选（G2P）、旋转式传送带（Carrousel）等多种先进技术，实现了物料接收、存储、挑选、齐套、配送的一体化管理。仓储作业管理亮点体现在以下四个方面。

1. 入库管理

华为松山湖供应链物流中心的入库作业实现了自动化和信息化。通过 PDA 扫描到货通知单单号，进入收货任务。收货任务采用普通收货和容器收货两种方式：普通收货直接扫描商品条码输入商品数量完成收货；容器收货需扫描容器编码和商品条码，将容器和商品关联，集中到容器中完成收货。

2. 盘点作业

华为松山湖供应链物流中心通过在线循环盘点和自动补货等功能，实现了超期管理、潮敏器件管理，确保了库存的准确性和及时性，减少了库存积压，提高了库存周转率。

3. 拣货作业

华为松山湖供应链物流中心的货到人拣选区为中低频物料拣选，采用货到人的作业模式，降低了人工作业劳动强度。通过 PTL 技术、播种式拣选、自动关联条码打印，可实现同时处理多个订单，以及全面作业质量防呆和条码追溯。

4. 出库管理

华为松山湖供应链物流中心的高频物料拣选区采用小型堆垛机和流利式货架，实现了自动存储和补货作业。订单由系统自动下发和任务关联，通过 PTL/RF、接力式拣选和拣选防呆，高效处理相关任务。集货区根据不同客户或订单类型划分专属区域，并配备多条智能分拣滑道；系统依据任务指令将货物分配至对应滑道完成齐套分拣。

请思考：

1. 案例中的仓储作业流程有哪些？

2. 如何在实现自动化仓储作业的同时，确保系统的可扩展性和灵活性，以适应未来业务的增长和变化？

任务一　智慧仓储入库管理

货物入库是对仓库入库准备、货物接运、办理交接、入库验收等一系列作业活动的总称。智慧仓储入库管理是利用现代信息技术和自动化技术，对仓储货物的入库流程进行高效、准确、智能化的管理。智慧仓储入库作业流程如图 4-1 所示。

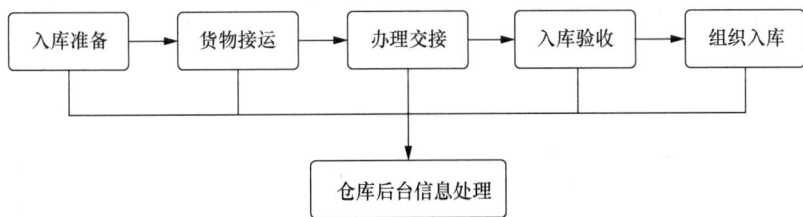

入库准备 → 货物接运 → 办理交接 → 入库验收 → 组织入库

仓库后台信息处理

微课视频

入库作业管理

图 4-1　智慧仓储入库作业流程

一、入库准备

做好入库前的准备工作是保证货物准确迅速入库的重要环节，也是防止出现差错、缩短入库时间的有效措施。入库前的准备工作主要包括以下几项内容。

1．组织人力

仓库管理系统根据货物送达的时间、地点、数量、接运方式等信息，判断是否需要安排工作人员，如需安排工作人员，根据需要安排合适数量的人员，做好到货接运、检验等工作，并编制好人力安排表，下发到相关部门，以保证货物到达后人员及时到位。

2．准备设备及器具

仓库管理系统根据接收货物的种类、包装、数量以及接运方式等信息，判断搬运、检验和计量的方法，合理配备所需车辆、检验和计量器具、装卸搬运和堆码的设备、隔离苫垫的材料以及必要的防护用品，并将相关内容记入相关表格（如作业计划表、作业指导书），下发到相关部门。

3. 划分货物存放位置

仓库管理系统综合考虑仓库的类型、规模、经营范围、用途，以及货物的品种、数量、储存时间、自然属性、保养方法等，结合货物的堆码要求核算所需的货位面积，确定具体存放位置。常见的库位存储方式分类的方法主要有五种，具体见表4-1。仓库管理系统应根据货物的实际情况选择合适的库位存储方式，或事先根据仓库的性质确定好分类存储的方法，仓库管理系统对货物进行智能分配储位。

表 4-1　库位存储方式分类的五种方法

项目	定位储放	随机储放	分类储放	分类随机储放	共享储放
概念	每一个货物都有固定储位，货物不能互用储位。原因在于：① 储区安排考虑了货物尺寸及重量（不适合随机储放）② 储存条件对货物储存非常重要。例如，有些货物必须控制温度③ 易燃物必须限制储放于一定高度以满足保险标准及防火法规④ 依货物物理特性，某些货物必须分开储放。例如化学原料和药品⑤ 保护重要货物	每一个货物被指派储存的位置都是经由随机的过程产生的，而且可经常改变；也就是说，任何货物可以被存放在任何可利用的位置。随机原则一般是指储存人员按习惯来储放，且通常按货物入库的时间顺序储放于靠近出入口的储位	所有的货物按照一定特性加以分类，每一类货物都有固定存放的位置，而同属一类的不同货物又按一定的法则来指派储位分类储放通常按以下方面来分类：① 货物相关性（货物需求相关性图表）② 流动性（货物空间周转分布图）③ 货物尺寸、重量（货物搬运单元分布图）④ 货物特性（货物热销性分布图）	每一类货物有固定存放位置，但在各类储区内，每个储位的指派是随机的	在确定各货物进出仓库时间的情况下，不同的货物可共享相同储位共享储放在管理上虽然较复杂，所需的储存空间及搬运时间却更经济
优点	① 每种货物都有固定储放位置，拣货人员容易熟悉货物储位② 货物的储位可按周转率或出货频率来安排，以缩短出入库搬运距离③ 可针对各种货物的特性做储位的安排调整，将不同货物特性间的相互影响减至最小	① 对操作人员比较方便② 能够较充分利用空间	① 便于畅销品的存取，具有定位储放的各项优点② 各分类的储存区域可根据货物特性再做设计，有助于货物的储存管理	可吸收分类储放的部分优点，又可节省储位数量，提高储区利用率	① 降低运营成本② 平衡淡、旺季需求

续表

项目	定位储放	随机储放	分类储放	分类随机储放	共享储放
缺点	储位必须按各项货物最大在库量设计，因此储区空间的平均使用效率较低	① 货物的出入库管理及盘点工作的难度较高 ② 周转率高的货物可能被储放在离出入口较远的位置，增加了出入库的搬运距离 ③ 具有相互影响特性的货物可能相邻储放，造成货物的受损或危险	储位必须按各类货物最大在库量设计，因此储区空间的平均使用效率较低	货物出入库管理及盘点工作的难度较高	① 管理混乱，沟通不畅 ② 安全性不足
适用范围	① 厂房空间大 ② 多种少量货物	① 厂房空间有限，需尽量利用储存空间 ② 种类少或体积较大的货物	① 货物相关性大，经常被同时订购者 ② 周转率差别大者 ③ 货物尺寸相差大者	兼具分类储放及随机储放的特色，需要的储存空间介于两者之间	中小微企业或者在销售旺季或促销期间电商企业需要临时增加仓储空间来满足订单处理需求

4．整理货物存放区域

在确定货物的具体存放位置后，为了便于货物的存放及保养，企业应对相应的区域进行适当的整理工作，包括保证存放空间可得、现场清洁卫生及苫垫用品充足等。智慧仓库里可以通过监控了解相应区域的情况，然后根据情况判断是否需要人工干涉。一般智慧仓库储位的整理可定期进行。

▌二、货物接运

货物接运是货物入库和保管的前提。货物到达仓库的形式，一是由供货单位直接运送到仓库，二是经过多种运输方式进行转运。仓储单位只有在接运时搞清楚货物在接收之前是否发生过一些意外情况，如碰撞等，认真核查，初步查验，才能接收货物并验收入库。按接运地点，接运方式大致可分为四种类型。

1．车站、码头提货

车站、码头提货是针对通过铁路运输、水运运输等方式转运而来的货物，需要仓库人员到目的车站或码头接收的一种接运方式。

2．专用线接货

专用线通常是指由企业或其他单位管理的与国家铁路或者其他铁路接轨的岔线，通常是铁路专用线。

3．到供货单位提货

这种接运方式是指仓库人员受货主委托直接到供货单位提货，一般需要将接货和检验工作结合起来同时进行。

4．库内接货

这种接运方式是指承运单位或供货单位直接将货物运送到仓库。

▌三、办理交接

货物到库后，智能仓库系统进行电子审单，检查入库凭证，根据入库凭证开列的收货单位、货物名称、货物数量和货物规格等与送交的货物进行智能核对，核对无误，再进行下一道工序。完成卸货后，可根据货物的品种和类型进行分类，然后对其进行电子标签的粘贴。一般电子标签的粘贴以成箱货物或托盘为单位，便于后续管理。完成电子标签的粘贴后，统一对货物电子标签进行数据录入，这一步工作应结合货物包装二维码及供货单位提供的相关数据信息，使用固定自动识别标签读写器或者手持自动识别标签读写器完成。

完成电子标签的粘贴和数据录入后，为了对到货情况进行粗略的检查，可进行初步检查和验收，工作内容主要包括数量检验和包装检验。可通过质检区域固定的自动识别读写设备分批分类对货物的数量、电子标签的信息与供应商的供货数据和仓库采购数据进行核对；同时，也可以通过智能摄像头判断货物外包装情况，判断是否存在破损、污染、水浸、渗漏等异常，当货物数量规格、外包装等确认无误后才允许入库，如出现异常情况，则发出警报，进一步检验核对，确定无异常后，方可入库。

入库货物经过以上几道工序后，收货人员才可以与送货人员办理交接手续。如果在以上工序中无异常情况出现，收货人员在送货单上签字盖章表示货物收讫；如发现异常情况，必须在送货单上详细注明并由送货人员签字，或者由送货人员出具差错、异常情况记录等书面材料，作为事后处理的依据。双方签字后的送货单应转换为电子形式上传到仓库管理系统，或在双方确认时进行电子签，以便于双方对货物情况的信息化和智能化管理。

▌四、入库验收

（一）入库验收的概念

入库验收是按照验收业务作业流程，根据合同或标准的要求，对入库货物进行数量和质量检验的经济技术活动的总称。

（二）货物验收的作用

所有到库的货物必须在入库前进行验收，只有验收合格后才能正式入库，货物验收的作用主要表现为以下几个方面。

① 验收是做好货物保管保养的基础。

② 验收记录是仓库提出退货、换货和索赔的法律依据。

③ 验收是避免货物积压、减少经济损失的重要手段。

④ 验收有利于维护企业利益。

（三）货物验收的内容

货物验收是仓储业务中的一个重要环节，包括检验数量、检验外观质量和检验包装三方面的内容，即核对货物数量是否与入库凭证相符、货物质量是否符合规定的要求、货物包装能否保证货物在储存和运输过程中的安全。

（四）货物验收的原则

① 在货物入库凭证未到或未齐之前不得正式验收，仓库有权拒收或暂时存放。

② 发现货物数量与质量不符合规定，有关人员要当场做出详细记录，交接双方在记录上签字。如果是交货方的问题，仓库应该拒绝验收；如果是运输部门的问题，应该提出索赔。

③ 在数量验收中，计件货物应及时验收，发现问题要按规定的手续在规定的期限内向有关部门提出索赔。一旦超过索赔期限，责任部门对形成的损失将不予弥补。

（五）货物验收的标准和方式

1．货物验收的标准

货物需要达到预定的验收标准才能入库，在验收时，基本可按三项标准进行检验，即采购合约或订购单所规定的条件、谈判时对方提供的合格样品、国家相关产品的品质标准。

2．货物验收的方式

验收工作是一项技术要求高、组织严密的工作，关系到整个仓储业务能否顺利进行，所以，必须做到准确、及时、严格、经济。

货物验收方式分为全验和抽验。在进行数量和外观验收时一般要求全验。进行质量验收时，批量小、规格复杂、包装不整齐或要求严格验收时采用全验的方式；批量大、规格和包装整齐、存货单位的信誉较高，人工验收条件有限的情况下通常采用抽验的方式。

货物验收方式及操作程序需经存货方与保管方共同协商确定，并应以书面合同形式明确约定验收标准、方法及责任条款，确保双方权利义务具备法律约束力。

（六）验收程序

入库验收的基本流程包括验收准备、核对凭证、实物检验和处理验收过程中发现的问题四个环节。

1．验收准备

仓库接到到货通知后，应根据货物的性质和批量提前做好验收前的准备工作，大致包括以下内容：人员准备、资料准备、器具准备、货位准备和设备准备。此外，对于特殊货物的验收，还要准备相应的防护用品；对进口货物或存货单位指定需要进行质量检验的，应通知有关检验部门会同验收。

2．核对凭证

入库货物必须具备下列凭证：业务主管部门或货主提供的入库通知单和订货合同副本，这是仓库接收货物的凭证；供货单位提供的材质证明书、装箱单、磅码单、发货明细表等；货物承运单位提供的运单；若货物在入库前有残损情况，还要有承运部门提供的货运记录或普通记录，作为向责任方交涉的依据。

3．实物检验

仓库根据入库单和有关技术资料对货物进行数量和质量检验，应根据货物来源、包装好坏或有关部门规定，确定对到库货物是采取抽验还是全验方式。

一般情况下，或者合同没有约定检验事项时，仓库仅对货物的品种、规格、数量、外包装状况，以及无须开箱、拆捆而可以直接看到的外观质量进行检验。但是在进行分拣、配装作业的仓库里，通常需要检验货物的品质和状态。

4．处理验收过程中发现的问题

在货物验收过程中，严格遵从验收原则，如果发现货物数量或质量有问题，应该严格按照有关制度进行处理，这有利于分清各方的责任，并促使有关责任部门吸取教训，改进今后的工作。货物验收过程中的问题及对策如表 4-2 所示。

表 4-2　货物验收过程中的问题及对策

序号	问题	对策
1	数量不准	① 货物的数量短缺在允差范围内可按原数入账，超过允差范围的，应查对核实，做好验收记录，交主管部门会同货主与供货单位交涉处理 ② 货物的实际数量多于原发数量，由主管部门向供货单位退回多发数，或补发货款
2	质量不符合要求	对于质量不符合要求的货物，一定要退换，绝不能入库，做到入库货物无任何质量问题

序号	问题	对策
3	证件不齐全	证件不齐全的到库货物应作为待检货物处理，堆放在待验区，待证件到齐后再进行验收。证件到齐之前，不能验收，不能入库
4	单证不符	供货单位提供的质量证书与进库单、合同不符时，货物待处理，不得动用
5	货物未按时到库	有关证件已到库，但在规定的时间货物尚未到库，应及时向货主查询
6	价格不符	应按合同规定价格承付，对超出部分应予拒付。如是总额计算错误，应及时通知货主及时更改
7	货物在入库前已有残损短缺	① 有商务记录或普通记录等证件者，可按照实际情况查对证件记录是否准确：在记录范围内者，按实际验收情况填写验收记录；在记录范围以外或无运输部门记录时，应查明责任 ② 其残损情况可以从外观上发现，但在接运时因未发现而造成无法追赔损失时，应由仓库接运部门负责 ③ 货物包装外观良好，内部残缺时，应做出验收记录，与供货单位交涉处理
8	发错货	若发现缺乏进货合同及相关凭证，但运输单据上标注收货方为"本库"的货物，仓库管理部门应暂扣核查，及时查找该货物的产权部门，并主动与发货人联系，询问情况，并将货物作为待处理货物，不得动用
9	对外索赔	对需要对外索赔的货物，应由相关检验部门检验出证，对经检验提出退货、换货的货物应妥善保管，并保留好货物原包装，供相关检验部门复验

▌五、组织入库

办理完货物交接和入库验收后，开始组织货物上架或进货位。智慧仓库货物进货位流程如图 4-2 所示。使用叉车或自动导引车将货物搬运至指定货位进行存储，当叉车或自动导引车经过固定自动识别设备读写区域时，读写器自动获取货物及托盘标签信息，并将信息上传至 WMS，WMS 会根据系统制定的存储计划，将货位自动识别读写器获取的货位信息与货物标签信息进行匹配，若无误，WMS 通过固定读写区域的读写器将货物信息写入货物及托盘标签中，以实现货位分配，同时向叉车或自动导引车下达入库指令。

叉车或自动导引车得到入库指令后将货物搬运至指定货位，货位自动识别读写器将存入货位的货物信息上传到 WMS，经过系统确认后叉车或自动导引车退出仓库，完成入库指令。

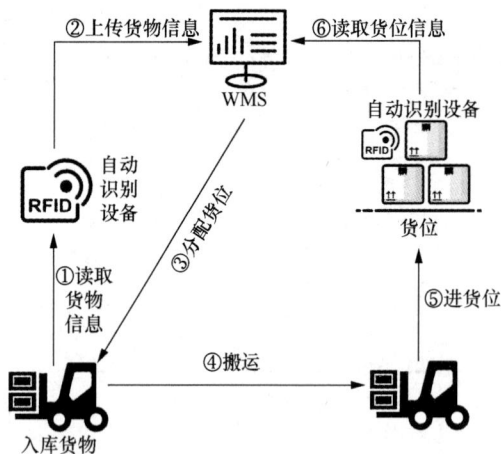

图 4-2　智慧仓库货物进货位流程

六、入库作业管理方法

为了确保货物入库各作业环节的有序进行，在入库管理中，企业还应引入目视管理、定置管理和看板管理方法。

（一）目视管理

所谓目视管理，通俗地说，就是一眼即知的管理。应用目视管理可以在工作场所凭借眼睛看出异常所在。目视管理的有效实施，不仅可以简化入库管理流程、建立快速发现异常的制度、提高执行力，而且能够起到警示作用，减少差错。

目视管理的实施主要包含四方面的内容。

1.定位目视管理

定位目视管理就是借助画线、分区等方式，对现场进行定位管理。具体内容如下。

通道线标示：使用黄色或白色线条标示出通道，确保人员和货物能够顺畅流动。通道线的宽度通常为 10 厘米，可以根据实际需要调整。

人行通道标示：人行通道通常使用黄色虚线标示，虚线的长度和间隔可以根据实际情况进行调整。同时，在人行通道转弯处设置"小心"提示，以提醒人员注意安全。

存放区标示：对于不同的货物，如成品、返修品、废品等，使用不同颜色的线条进行标示。例如，成品使用白色实线，返修品使用黄色实线，废品使用红色实线等。线条的宽度通常为 8 厘米。

定位线标示：将需要放置的货物放在固定位置，并使用定位线标示出四个角。这样可以确保货物始终保持在正确位置，方便取用和管理。

区域划分：通过画线的方式将现场划分为不同的区域，如工作区、存储区、休息区等。这样可以使现场秩序井然，避免混乱。

2．色彩目视管理

色彩是目视管理中重要的部分，目视管理要求合理、巧妙地运用色彩，并实现统一的标准化管理，不能随便更改。色彩目视管理可以增强企业的现场识别能力和提高管理效率，从而达到高效管理的要求。

3．标识目视管理

标识的目视化有助于员工快速获取所需信息，减少查找和确认时间，提高工作效率。标识可以指示货物的名称、规格、数量、状态等信息，可以用于区分不同品质的产品或原材料，同时便于员工快速找到并识别所需货物。

4．音频、视频目视管理

利用电子技术在仓库现场实现信息的有效分析和传递，成为智慧仓储管理的要点。通过音频和视频，现场的信息迅速而高效地呈现在管理人员的面前，推动企业解决问题。

（二）定置管理

定置管理是对物的特定管理，是其他各项专业管理在生产现场的综合运用，是研究人、物、场所三者关系的一门科学。定置管理通过整理把生产过程中不需要的东西清除掉，不断改善生产现场条件，科学地利用场所，向空间要效益。定置管理通过整顿，促进人与物的有效结合，使生产中需要的东西随手可得，向时间要效益，从而实现生产现场管理规范化与科学化。

定置管理中的"定置"不是一般意义上理解的"把货物固定地放置"，它的特定含义是：根据生产活动的目的，考虑生产活动的效率、质量等制约条件和货物自身特殊的要求（如时间、质量、数量、流程等），划分出适当的放置场所，确定货物在场所中的放置状态。"定置"作为生产活动主体人与货物联系的信息媒介，有利于人、物的结合，有效地进行生产活动。对货物进行有目的、有计划、有方法的科学放置，称为现场货物的"定置"。

（三）看板管理

看板是 JIT（Just In Time，准时制生产）生产方式中独具特色的管理工具。看板管理是在工业企业的工序管理中，以卡片为凭证，定时定点交货的管理制度。"看板"是一种类似通知单的卡片，主要传递零部件名称、生产量、生产时间、生产方法、运送量、运送时间、运送目的地、存放地点、运送工具和容器等方面的信息、指令。看板管理的作用主要体现在以下三个方面。

1．传递现场的生产信息，统一思想

实时、准确地传递生产现场的关键信息，能够统一思想，确保员工的工作目标一致，从而提升整个团队的执行力和凝聚力。

2．杜绝现场管理中的漏洞

通过看板上的实时数据和反馈，管理人员可以及时发现生产过程中的异常和瓶颈，并立即采取措施进行解决，这有助于避免问题的扩大化，减少生产过程中的浪费和损失，提升生产效率和产品质量。

3．使绩效考核公平化、透明化

通过看板上的生产数据和员工表现，管理人员可以进行公正的绩效评价。这种基于数据和事实的考核方式不仅更加公平、公正，而且能够激发员工的工作积极性和创造力，形成良性竞争的氛围。

任务二　智慧仓储在库管理

一、货物的保管与保养

微课视频
物品的装卸搬运作业

（一）仓储保管作业的组织管理

仓储保管作业的组织管理包括空间组织管理和时间组织管理两方面的内容。

1．空间组织管理

空间组织管理是指确定仓储保管作业过程在空间的运动形式，即划分作业及确定它们在一定平面上的布置，以使劳动对象在空间上运动的路线最短，避免往返运转。这就要求合理划分作业班组。作业班组主要根据仓库的吞吐储存规模、储存货物的种类及仓库作业流程的特点等因素来建立。

2．时间组织管理

时间组织管理是指研究劳动对象（即储存的货物）在整个储存保管过程中如何在时间上得到合理的安排，并保证作业连续不断地进行，尽可能地消除或减少工人和设备的停工时间。作业过程的时间组织管理与作业班组和工序的组合形式等有很大的关系，相关人员需要综合各方面的情况进行合理的安排。时间组织管理形式有平行作业、顺次作业、顺次平行作业等。

（二）货物保管的任务和原则

微课视频
物品的保管和养护作业

1．货物保管的任务

任何一种货物在储存期间，表面上处于静止状态，实际上每时每刻都发生着各种理化和生物变化。只不过变化初期，人是觉察不到的，等变化发展到一定程度被发现时，除了极少数外，大部分货物的使用价值已发生变化，如金属锈蚀、木材腐蚀、水泥结块硬化等。由此可见，受货物本身固有特性，以及所处的环境和各种人为因素的影响，货物变化不是瞬间完成的，而是有一定的时间积累过程。

货物保管的任务就是在认识和掌握各种货物变化规律的基础上，科学地运用这些规律，采取相应的措施和手段，根据货物性能和特点，有效地抑制内外界因素的影响，为货物提供适宜的保管环境和良好的保管条件，最大限度地减缓或控制有损于货物使用价值的变化，以保证货物数量正确、质量完好，并充分利用现有仓储设施，为经济合理地组织货物供应打下良好基础。

由此可见，货物保管包含两个方面的内容：一是根据各种货物不同的性能特点，结合仓储具体条件，将货物存放在合理的场所和位置，为在库货物提供适宜的保管环境；二是对货物进行必要的保养和维护，为货物创造良好的保管条件。二者是相互联系、相互依赖、不可分割的有机体，其主要目的都在于保持仓库货物的原有使用价值，最大限度地减少货物损耗。

2．货物保管的原则

① 质量第一原则。在货物保管过程中，始终把货物的质量放在首位，确保货物在保管期间不发生变质、损坏或性能下降。例如，通过温湿度控制、防尘防虫等措施，保持货物的原有品质。同时，要定期对货物进行检查和测试，及时发现并处理质量问题。

② 效率原则。在保证货物质量的前提下，通过优化保管流程、提高保管设施利用率等手段，实现货物保管的高效运作。

③ 科学合理原则。根据货物的性质、特点和保管要求，采用科学合理的保管方法和手段，确保货物的安全、完整和有效利用。

④ 预防为主原则。在货物保管过程中，始终贯彻预防为主的方针，通过提前识别和分析潜在的风险因素，采取有效的预防措施，避免或减少货物的损失和损害。

（三）货物堆码

货物堆码是指根据货物的包装、外形、性质、特点、种类、重量和数量，结合季节和气候情况，以及储存时间的长短，同时综合考虑地面的负荷，将货物按一定的规律码成各种形状的货垛。堆码的主要目的是便于对货物进行维护、盘点等管理和提高仓库利用率。

1．货物堆码的原则

① 面向通道，不围不堵。存放的货物及货垛的正面尽可能面向通道，以便查看，货物的正面是标注主标志的一面；所有货垛、货位都应有一面与通道相连，处在通道旁，

以便对货物进行直接作业。只有在所有货位都与通道相连时，才能保证不围不堵。

② 分类存放。将货物分类存放是仓库储存规划的基本要求，是保证货物质量的重要手段，也是堆码需要遵循的基本原则。

③ 选择适当的搬运活性。为了减少作业时间、次数，提高仓库周转速度，仓库管理员应根据货物作业的要求合理地选择货物的搬运活性。对搬运活性高的货物，还应注意摆放整齐，以免堵塞通道，浪费仓容。

④ 节约仓容和苫垫材料。为使堆码在符合安全、方便的原则下实现多储（节约仓容），要不断改善堆码方法和操作技术，货垛大小、高低要适当，垛型要合理，这样能节约仓容和苫垫材料。

2．货物堆码的要求

① 合理。合理包括搬运活性合理、分垛合理、垛型合理、重量合理、间距合理、顺序合理。

② 牢固。适当选择垛底面积、堆垛高度和垫衬材料，提高货垛的稳定性，保证堆码牢固、安全，不偏不歪、不倚不靠及货物不受损。托盘面积利用最大化，奇数层与偶数层交叉摆放。

③ 定量。为了便于检查和盘点，能使保管人员过目成数，在货物堆码时，垛、行、层、包等数量力求整数，每垛应有固定数量，通常采用"五五化"堆码（大的五五成方，高的五五成行，矮的五五成列，小的五五成包，带眼的五五成串）。有些过磅称重货物不能成整数时，必须明确地标出重量，分层堆码或成捆堆码，定量存放。

④ 整齐。货垛排列整齐有序，同类货物垛型统一，形成良好的库容。货垛横成行、纵成列，货物包装上的标志一律朝外，便于查看和分拣。货物堆码整齐，不超过托盘边缘。

⑤ 节约。坚持一次堆码，减少重复作业；爱护苫垫物，节约备品用料，降低消耗；科学堆码、节省货位，提高仓库利用率。

⑥ 方便。货物的堆码要便于装卸搬运，便于收发保管，便于日常维护保养，便于检查点数，便于灭火消防，有利于货物保管和安全。

⑦ 保持货垛"五距"合理，即墙距、柱距、顶距、灯距和垛距合理。保持货垛"五距"合理的主要目的是通风、防潮、散热、保证安全和方便管理。一般来说，垛距、灯距应不小于 0.5 米；顶距、柱距、墙距应不小于 0.3 米；主通道的宽度一般为 2～3.5 米，不小于 1.5 米，副通道的宽度为 0.5 米左右。

3．货物堆码的方式

货物堆码的方式主要包括重叠式、纵横交错式、正反交错式和旋转交错式。

① 重叠式堆码。重叠式堆码即各层码放方式相同，上下对应。重叠式堆码的优点为工人操作速度快，包装货物的四个角和边重叠垂直，承载能力强。重叠式堆码的缺点

为各层之间缺少咬合作用，容易发生塌垛。

② 纵横交错式堆码。纵横交错式堆码即相邻摆放旋转 90°，一层横向放置，另一层纵向放置。纵横交错式堆码的每层间有一定的咬合效果，但咬合强度不高。

③ 正反交错式堆码。正反交错式堆码指第一层按照横二竖三的组合紧密摆放；第二层同样按照横二竖三的组合紧密摆放，不过与第一层方向相反；第三层参照第一层；以此类推，其优点是稳定性高，减少了货物倾斜或倒塌的风险，缺点是堆码相对复杂。

④ 旋转交错式堆码。旋转交错式堆码即风车型堆码形式，是指在各层中改变货物的方向进行堆码，其优点是相邻两层间咬合交叉，托盘货品稳定性较高，缺点是堆码难度大，中间形成空穴，托盘利用率低。

（四）货物质量管理

1．货物质量变化类型

货物质量变化的表现形式很多，归纳起来主要有物理机械变化（如溶化、挥发散失）、化学变化（如氧化分解、燃烧爆炸）及生理生化变化（如呼吸作用、酶促反应）等。

2．影响货物质量变化的因素

了解和掌握货物发生变化的影响因素，才能针对各类货物的特性，进行科学的保管，以达到防止、延缓或减少货物变化，减少或避免货物损失和损耗的目的。通常，引起货物质量变化的因素有内因和外因两种，内因决定了货物变化的可能性和程度，是变化的根据，外因是促进这些变化的条件。

影响货物质量变化的外界因素主要包括自然因素、社会因素和人为因素等。

货物发生变化的内因即货物自身的特性，主要包括货物的化学成分、物理形态、理化性质、机械及工艺性质等。

（五）货物养护

在储存过程中对货物所进行的保养和维护工作，称为货物养护。货物养护的目的就是针对货物不同特性积极创造适宜的储存条件，采取适当的措施，以保证货物储运的安全，保证货物质量，减少货物的损耗，节约费用开支，为企业创造经济效益和社会效益。

货物养护的基本措施如下。

① 严格验收入库货物。

② 合理安排储存场所。

③ 妥善放置堆垛苫垫。

④ 控制好仓库温湿度。

⑤ 坚持在库货物检查。

⑥ 搞好仓库清洁卫生。

其中，控制与调节温湿度的方法很多，有密封、通风、吸水和加湿、升温和降温等。将几种方法合理地结合使用，效果更好。

（六）智慧仓储保管保养的其他技术方法

除了上述保管保养的一般方法外，智慧仓储还可以引入一些新的技术方法，来提高作业效率和保管保养的质量。

1．温湿度自动调控系统

温湿度自动调控系统是指利用光电自动控制设备，在仓库温湿度超出规定范围时自动报警、开窗、开启去湿机、记录和调节库内温湿度等，当库内温湿度调至适宜时，又可自动停止工作的系统。该系统具有占地面积小（仅 1 平方米左右）、使用灵敏准确的优点，为智慧仓库常用的仓储设备。

仓库温湿度自动调控系统有三大部分：数据中心、仓库监控点、用户手机。仓库温湿度自动调控系统主要功能包括 24 小时监控、设定报警值、打印报告、提供数据等。

2．荧光氧气传感器

荧光氧气传感器 LOX-02 外加气压传感器，可以让传感器输出氧气浓度值和气压值；结合了电化学传感器传统上低功耗的优势，非消耗传感原理使得它具有更长的寿命。另外荧光氧气传感器 LOX-02 有氧压和温度补偿，使得它可以准确工作于宽环境范围而无须额外的补偿系统。该传感器技术非常稳定和环保，不含铅或其他有毒材料，并且不受其他气体交叉干扰的影响。

3．货位监控的压力传感器技术

压力传感器是能感受压力信号，并能按照一定的规律将压力信号转换成可用的输出的电信号的器件或装置。压力传感器通常由压力敏感元件和信号处理单元组成，是一种智能压差控制器。按不同的测试压力类型，压力传感器可分为表压传感器、差压传感器和绝压传感器。

▌二、货物的盘点

所谓盘点，是指定期或临时对库存货物的实际数量进行清查、清点的作业，即为了掌握货物的流动情况（入库、在库、出库的状况），将仓库现有货物的实际数量与信息系统以及财务账上记录的数量相核对，以便准确地掌握库存数量。

（一）货物盘点的目的和内容

微课视频

在库物品的盘点作业

1．货物盘点的目的

（1）查清实际库存数量

盘点可以查清实际库存数量，并确认其与账面库存数量的差异。如发现盘点的实际库存数量与账面库存数量不符，应及时查清问题原因，并做出适当的处理，通过盈亏调整使二者一致。

（2）帮助企业计算资产损益

对货主企业来讲，库存货物总金额直接反映企业流动资产的使用情况，而库存金额又与库存量及其单价成正比，库存量过高，流动资金的正常运转将受到威胁。因此，为了能准确地计算出企业实际损益，必须盘点。一旦发现库存太多，即表示企业的经营受到压制。

（3）发现货物情况

盘点可以发现呆品和废品及呆废品处理情况、存货周转率，以及货物保管、养护、维修情况，从而采取相应的改善措施。

（4）发现货物管理中存在的问题

盘点有助于查明盈亏原因，发现仓储作业与管理中存在的问题，并采取相应的措施，提高库存管理水平，减少损失。

2．货物盘点的内容

（1）查数量

检查货物的数量是否准确，检查账卡的记载是否准确，核对账、卡、物是否一致，这些是盘点的主要内容。

（2）查质量

检查货物的质量是盘点的另一项主要内容。主要检查在库货物质量有无变化，包括受潮、沾污、锈蚀、发霉、干裂、虫蛀、鼠咬，甚至变质等情况；检查有无超过保管期限和长期积压现象；检查技术证件是否齐全，是否证物相符，必要时还要进行技术检验。

（3）查保管条件

检查保管条件是否与货物要求的保存条件相符合，这是保证在库货物使用价值的一个基本条件。例如：检查货物堆码是否合理稳固，苫垫是否严密；库房是否漏水，场地是否积水，门窗通风是否良好；温湿度是否符合要求；库房内外是否清洁卫生；通道是否通畅；储区标志是否清楚、正确，有无脱落或不明显的情况；等等。

（4）查设备

检查各种设备使用和养护是否合理；计量器具和工具，如钢卷尺、磅秤等是否准确，检查时要用标准件校验；储位、货架标志是否清楚明确，有无混乱；储位或货架是否充分利用；等等。

（5）查安全

检查各种安全措施和消防设备、器材是否符合安全要求；检查建筑物是否损坏而影响货物储存；对于地震、水灾、台风等自然灾害有无紧急对策；等等。

（二）货物盘点的种类和方法

1．货物盘点的种类

① 货物盘点按照盘点范围可分为全面盘点和局部盘点。全面盘点即对整个仓储货物进行全面彻底的盘点。全面盘点一般安排在月末、季末、年末，视企业的具体情况而定。局部盘点即对部分仓储货物进行盘点。这是一种有针对性的盘点，所需要的时间和人力、物力较少，对企业的正常生产工作影响不大，必要时可随时进行，对解决局部突发问题效果明显。

② 货物盘点按时间不同可分为定期盘点、临时盘点和日常盘点。定期盘点即根据规定的盘点时间进行的全面性盘点，类似全面盘点。临时盘点指不定期的盘点，在货物调价、货物负责人调动交接、仓库发生意外事故等情况下进行。

日常盘点通常称为"动碰复核"，就是保管员在发货时，对已经出库的货物进行再次核对和确认的行为。这个过程的主要目的是确保发货的正确性，防止人为错误或其他原因导致货物错发、漏发等问题。通过动碰复核，保管员可以再次确认货物的数量、规格、质量等信息，确保实际发货与发货单或客户需求一致。

在动碰复核的过程中，保管员需要注意以下几点。

a．准确性。复核时要仔细核对货物的信息，确保实际发货与发货单或客户需求完全一致。

b．及时性。在发货过程中及时进行复核，避免货物已经发出后才发现问题。

c．完整性。复核时要确保货物的完整性，防止损坏或其他原因导致货物质量问题。

2．货物盘点的方法

（1）账面盘点法

账面盘点法又称为永续盘点法或动态盘点法，是指给每一种货物分别设立存货账卡，然后将每一种货物的出入库数量及有关信息记录在账面上，逐笔汇总出账面库存结余量的方法。

（2）现货盘点法

现货盘点法是对库存货物进行实物盘点的方法。按盘点频率的不同，现货盘点法又分为期末盘点法和循环盘点法。期末盘点法是指在会计期末统一清点所有货物数量的方法。采用期末盘点法时，由于盘点数量大、工作量大，通常采用"分区分组"方式进行，B、C 类货物常选择此类方法。循环盘点法是指每天、每周清点一部分货物，在一个循环周期内将每种货物至少清点一次的方法，A 类货物常采用此类方法。货物 A、B、C 的分类标准在项目五进行详细介绍。

（三）现货盘点的基本程序

现货盘点作业一般根据以下几个步骤进行：盘点前准备、确定盘点时间、确定盘点方法、盘点人员组织与培训、清理盘点现场、盘点、查清差异原因、盘点结果处理，如图 4-3 所示。

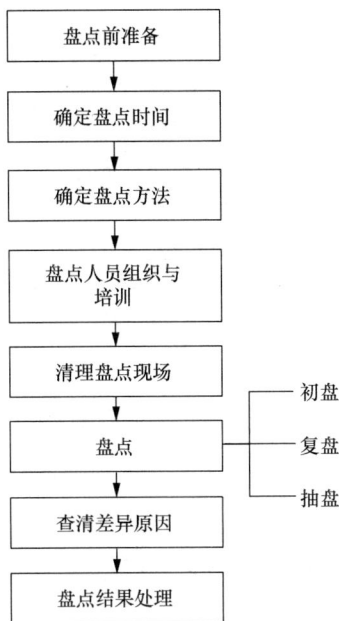

图 4-3 现货盘点的基本程序

1．盘点前准备

盘点前的准备工作是否充分，关系到盘点作业能否顺利进行。准备工作主要包括：确定盘点的作业程序，配合财务会计做好盘点准备；根据盘点作业的需要安排人力，通常盘点当日应停止任何休假，并于一周前安排好人员的出勤计划；进行环境整理，清除不良品和作业场地死角，将各种设备、备品及工具存放整齐；准备好盘点工器具，如果使用盘点机或盘点枪盘点，须先检查盘点机或盘点枪是否能正常操作。

2．确定盘点时间

一般来说，为保证账物相符，货物盘点次数越多越好。但盘点需投入必要的人力、物力，有时大型全面盘点还可能引起生产的暂时停顿，所以，合理地确定盘点时间非常必要。引起盘点结果与账面记录有差异的关键原因在于出入库过程中发生的错误，出入库越频繁，引起的误差也会越大。

3．确定盘点方法

因盘点的场合、要求不同，盘点的方法也有差异。为满足不同情况的需要，尽可能快速准确地完成盘点作业，要确定合理的盘点方法。

4．盘点人员组织与培训

根据盘点工作的需要，安排相应的负责人员。盘点人员的培训分为两部分：一是针对所有人员进行关于盘点方法及盘点作业流程的培训，让盘点作业人员了解盘点目的、盘点表格和单据的填写；二是针对复盘与监盘人员进行关于货物的培训，让他们熟悉盘点现场和盘点货物，对盘点过程进行监督，并复核盘点结果。

5．清理盘点现场

盘点作业开始之前必须对盘点现场进行清理，以提高盘点作业的效率和盘点结果的准确性。清理工作主要包括以下几个方面的内容。

① 盘点前对已验收入库的货物进行整理归入储位，对未验收入库、属于供应商的货物，应区分清楚，避免混淆。

② 盘点场所关闭前，应提前通知，提前准备好需要出库配送货物。

③ 账卡、单据、资料均应整理好并统一结清，以便及时发现问题并加以预防。

④ 预先鉴别变质、损坏货物。盘点前要对储存场所堆码的货物进行整理，特别是对散乱货物进行收集与整理，以方便盘点。在此基础上，由货物保管人员负责预盘，以便提前发现问题并加以预防。

6．盘点

盘点工作可分为初盘、复盘和抽盘三种。

7．查清差异原因

盘点会将一段时间内积累的作业误差及其他原因引起的账实不符暴露出来，一旦发现账实不符，而且差异超过容许的误差时，应立即追查产生差异的原因。一般而言，产生盘点差异的原因主要有如下几个方面。

（1）记账员素质不高，登入数据时发生错登、漏登等情况。

（2）账务处理系统管理制度和流程不完善，导致货物数据不准确。

（3）盘点时发生漏盘、重盘、错盘现象，导致盘点结果出现错误。

（4）盘点前数据未结清，使账面数不准确。

（5）出入库作业时产生误差。

（6）盘点人员不尽责导致货物损坏、丢失等后果。

8．盘点结果处理

查清盘点发现的差异原因后，为了使账面数与实物数保持一致，需要对盘点差异进行调整。盘点过程中，如果发现货物的实际售价与市场行情或内部定价策略不符，就需要进行价格调整。这些差异，可以经主管审核后，用货物盘点盈亏及价格增减调整表在系统中进行处理。具体操作可采用虚拟出入库的方式，进行账面数量的增减，以使盘点实物数与财务人员账卡上的账面数相符。

三、移库作业

移库是指货物存放地点发生变动。某些货物由于业务上的需要，或由于货物特性的原因而需要变更储存场所。仓库管理系统的移库功能在不同的仓库或者不同的系统定义不一样，有的把移库当成两个仓库间的货物转移，有的把移库当成不同库区间的货物转移，例如从拆零区到整箱区，或者从高货值区到低货值区等。移库必须根据有关部门开具的货物移库单来组织货物的出库入库。

（一）移库的原因

移库的原因主要如下。

① 货物种类细分，造成储位移动。如酒品类下设啤酒和红酒等。

② 流程作业间的储位转变及暂存的需求，如货物从半成品仓转移到加工仓。

③ 日常仓整作业的需求，即库内的"碎片整理"工作。

④ 仓库储位安排变更，如临时整合多个分仓为一个主仓。

（二）移库作业的要求与原则

移库要保证仓储正常运营不受影响，出入库作业畅通。移库作业的要求与原则如下。

① 一切移库作业，都要具备可追溯性。

② 移库时要做到及时、细心、准确、无误，不论是先填写移库单还是先将实物进行移库，都要及时将后续工作完成。

③ 完成移库后，仓库组长要及时将移库单交给系统文员。

④ 系统文员要及时在系统中按照移库单做货位调整。

⑤ 进行移库时，优先考虑相邻货位，就近为先；相同货物优先，拼托时以一层货位优先，同区域为主。

⑥ 大批量移库作业时，调整后货位应相对集中存放（相同货物）；先找好目的货位，填写好移库单，审批后再进行操作。

（三）移库作业步骤

1．制定移库计划

移库计划需要包含移出货位、移入移库、移出托盘、移入托盘以及计划移动时间等内容。移库计划的制定，一般需要提前统一安排，但如遇小量的日常巡仓、仓整则可由各仓库组长现场处理。

2．进行移库作业

由于移库往往伴随大量独立储位、机具的使用以及储位移动时间较长的问题，因此现场作业需要注意以下细节。

① 货架货位较多，故移库计划生成后，需要用到仓库管理系统，在现场再次确认货位及托盘信息，减少计划与执行间的差错率。

② 货位移动的任务生成与实物移动的间隔期较长，且往往操作的地点不同或多人操作，故货位移动计划在现场作业中往往要扫描两次库位标签，第一次为扫描货位标签取出货物，第二次为移入新货位后扫描货位标签。

3. 移库后复核

由于一个品项的货位移动任务步骤分解后，往往伴随多条操作，所以在人工拣选方面，复核变得格外重要。复核往往需要借助仓库管理系统，即利用其移库功能。

任务三　智慧仓储出库管理

货物出库是指仓库根据业务部门或存货单位开出的货物出库凭证（提货单、调拨单），按其所列货物编号、名称、规格、型号、数量等项目，进行拣货、分货、发货检查、包装，直到把货物交给存货单位或发运部门的一系列作业过程。

一、货物出库的基本要求及方式

（一）货物出库的基本要求

1. 出库凭证和手续必须符合要求

出库业务必须依据正式的出库凭证进行，任何非正式的凭证均视为无效凭证，不能作为出库的依据。出库业务程序是出库工作顺利进行的基本保证。为防止出现工作失误，在进行出库作业时，必须严格履行规定的出库业务工作程序，使出库业务有序进行。

2. 严格遵守出库的各项规章制度

一般情况下，由于仓库储存货物品种较多，发货时间比较集中，业务比较繁忙，为做到出库货物准确无误，必须加强复核工作，要从审核出库凭证开始直到货物交接为止，每一环节都要进行复核。严格遵守出库的各项规章制度，按照货物出库凭证所列的货物编号、品名、规格、等级、单位、数量等，做到准确无误地出库。

3. 严格贯彻"先进先出，后进后出"的原则

为避免货物长期在库存放而超过其储存期限或增加自然损耗，因此必须坚持"先进先出，后进后出"的原则。

4. 提高出库效率和服务品质

办理出库手续，应在明确经济责任的前提下，力求手续简便，提高发货效率。一方

面要求作业人员具有较高的业务素质，全面掌握货物的流向动态，合理地组织出库业务；另一方面，还要加强仓库与业务单位的联系，提前做好出库准备，以达到迅速、及时地完成出库业务。

5. 贯彻"三不""三核""五检查"的原则

所谓"三不"是指未接单据不翻账，未经审单不备库，未经复核不出库；"三核"指在发货时，核实凭证、核对账卡、核对实物；"五检查"是指对单据和实物要进行品名检查、规格检查、包装检查、件数检查、重量检查。在出库时，应严格贯彻"三不""三核""五检查"的原则。

（二）货物出库的方式

出库方式是指仓库用什么样的方式将货物交付给收货人。选用哪种出库方式，要根据具体情况，由供需双方事先商定。货物出库的方式有以下几种。

1. 送货

送货，即仓库委托运输部门将货物运到车站、码头、机场，用户自行提取，或仓库使用自有车辆直接将货物送达收货地点。

2. 自提

自提，即收货人或其代理人自派车辆和人员，持货物调拨通知单直接到仓库提货，仓库凭单发货。为划清交接责任，仓库发货人与提货人在仓库现场，对出库货物当面交接清楚并办理签收手续。

3. 过户

过户是一种就地划拨的形式，货物虽未出库，但是所有权已从原存货户转移到新存货户。仓库必须根据原存货单位开出的正式过户凭证办理过户手续，而仓库管理人员只需要进行单据交割、更换户名，无须进行实物转移。

4. 转仓

转仓，即存货单位为了业务方便或改变储存条件，将货物从甲库移到乙库。因为出库量大，货物是以整批的方式出库的，所以仓库必须根据存货单位开出的正式转仓单办理转仓手续。

5. 取样

取样，即存货单位出于对货物质量检验、样品陈列等需要，到仓库提取货样。仓库必须根据正式取样凭证发样品，并做好账务记载。

二、货物出库的业务流程

不同仓库在货物出库的操作程序上会有所不同，操作人员的分工也有粗有细，但就整个发货作业的过程而言，一般都是跟随货物在库内的流向，或出库单的流转而构成各工种的衔接。

以仓库管理系统出库为例，其流程如图 4-4 所示，主要分为以下几个方面。

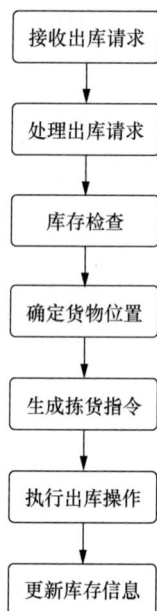

图 4-4　货物出库流程

① 接收出库请求。仓库管理系统接收来自销售订单、客户服务部门、供应链合作伙伴或自动化系统的出库请求。

② 处理出库请求。仓库管理系统对出库请求进行处理，以销售订单为例，一般包括订单审核、合并订单、分配优先级等。

③ 库存检查。仓库管理系统会检查库存，确认请求出库的货物是否有足够的库存量。

④ 确定货物位置。仓库管理系统根据货物的存储位置信息（可能是通过条码、RFID标签或其他标识方式记录的），确定货物在仓库中的确切位置。

⑤ 生成拣货指令。一旦确定了货物的位置，仓库管理系统会生成拣货指令，这些指令会指导拣货人员或自动化设备（如穿梭车等）去到正确的位置拣取货物。

⑥ 执行出库操作。根据仓库管理系统生成的拣货指令，工作人员或自动化设备将货物从存储位置取出，并搬运至出库工作站台。

⑦ 更新库存信息。出库操作完成后，仓库管理系统会更新库存信息，以反映最新的库存状态。

在整个出库作业流程中，仓库管理系统通过高度自动化和信息化的手段，实现了对出库作业的精确控制和管理。这一流程不仅提高了作业效率，还确保了操作的准确性，从而优化了仓库的运作效能，并减少了人为错误的可能性。通过自动化技术的应用以及信息化管理，仓库管理系统能够快速响应出库请求，准确定位货物，高效执行拣选和出库操作，最终实现库存信息的实时更新，确保整个供应链的流畅运作。

▌三、货物出库

货物出库时，可以采用叉车出库、输送机出库、AGV 出库，也可以采用穿梭车出库。某仓库首次采用穿梭车出库，货物在装车之前先进入穿梭车库暂存，这样不仅可以大大节省月台空间，而且可以实现自动排车，提高装车效率。

货物出库时，在出库口经过自动识别设备的读写区域，读写器会自动读取货物电子标签信息，同时将数据上传至仓库服务器，仓库服务器核对订单信息，确认无误后将货物出库。同时仓库服务器会根据出库情况自动变更货物库存量。

货物出库后会有一个电子标签的回收程序，由专人回收电子标签，包括回收、登记、核对数量、初始化等工作，检查无误后货物装车。经过上面的一系列程序，货物运到各地的分销商。配货出库流程如图 4-5 所示。自动识别技术的应用大大减小了企业在人力、物力上的投入，其在现代化的大型仓储建设中具有重要的作用。

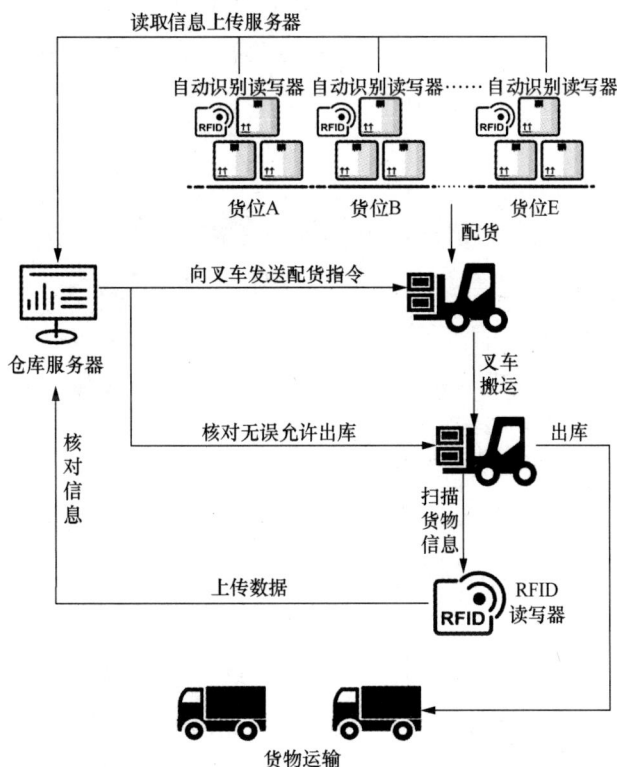

图 4-5　配货出库流程

四、货物出库过程中的问题与处理方法

（一）出库凭证问题

当出库凭证有假冒、被复制、被涂改的情况，或者凭证内容不清楚有疑点时，发货人员应及时与仓库保卫部门和出具出库凭证的单位或部门联系，妥善处理。

当出库凭证失效时，客户前来提取货物，必须先办理手续，按规定缴足逾期的仓储保管费用后，仓库方可发货，决不能凭无效凭证发货。

提货时，客户发现出库凭证上的货物规格有误，发货人员不得自行调换规格发货，必须由制票处重新开票后发货。

如客户遗失出库凭证，必须由客户单位出具证明，到仓储部门制票处挂失，由原制票员签字作为旁证，然后到仓库发货人员处报案挂失。如果挂失时货已被提走，仓储部门不负任何责任，但有义务协助破案；如果货物还没有被提走，经仓库发货人员查实后，凭上述证明，做好挂失登记，将原凭证作废，延期发货。

（二）串发货和错发货问题

串发货和错发货主要是指发货人员由于对货物种类、规格不熟悉，或者工作中的疏漏，把错误规格、数量的货物发出库。仓库收到客户投诉，发现串发货或错发货后，应及时逐步排查，查明情况给予解决。

（三）包装问题

包装问题一般是指在发货过程中，因货物包装破损，造成货物渗漏、裸露等问题。发货人员在发货时，凡原包装经挤压，或装卸搬运不当造成破损、污损，都需重新整理或更换包装，然后才能出库。若包装问题是在运输途中，因碰撞、挤压或装卸搬运不当造成的，发货人员应与运输部门协商，由运输部门解决此问题。

（四）漏记账和错记账的问题

漏记账是指在货物出库作业中，没有及时核销货物明细账造成账面数大于实存数的现象。错记账是指在货物出库后核销明细账时没有按实际出库的货物名称、数量等登记，从而造成账实不相符的情况。不论是漏记还是错记，一经发现，除及时向有关领导如实汇报情况外，还应根据原始出库凭证查找原因调整账目，使账实相符。

（五）退换货问题

凡属货物内在质量问题，客户要求退货或换货时，应由质检部门出具质量检查证明、试验记录等书面文件，经主管部门同意后，方可退货或换货。

任务四 拣货路径规划

一、拣货路径优化问题概述

拣货路径指在一次拣货中，将订单要求的所有货物拣出时在仓库中行走的轨迹。注意，在一次拣货中，可能只完成一个订单，也可能同时完成多个订单（如一个波次）。据统计，常规的拣货作业量占仓库总作业量的 60%，而其移动成本占总移动成本的 90% 左右，拣货作业时间占配送中心总作业时间的 30%～40%。所以说，拣货作业是仓库作业的核心部分。在短时间内得出最优的拣货路径以缩短拣货行走距离，是提高仓库运作效率的关键之一。

拣货路径问题与经典的旅行商问题（Traveling Salesman Problem，TSP）类似，目标都是寻找依次通过所有需求点的最短路径。对于一次包含 10 个货物的拣货而言，不同的拣取顺序意味着不同的路径长度。而如果仓库的布局比较复杂，那么路径之间的长度差异就会很大。因此寻找一条最优的路径可以有效减少行走距离，这也意味着在同样时间内可以完成更多次拣货，从而提高仓库运作效率。

另外，拣货路径问题已经被证明是一个 NP-Hard 问题，即很可能不存在有限时间内得到全局最优解的算法，因此普遍的解决方式是设计在可接受时间内求得可接受局部满意解的算法。拣货路径问题中的全局最优解和局部满意解的示例如图 4-6 所示。

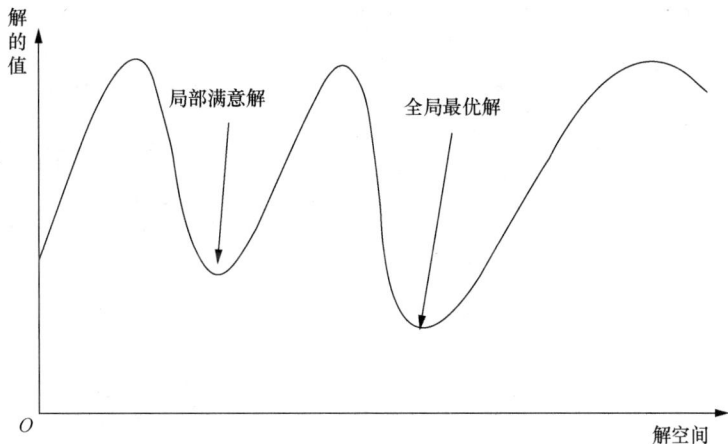

图 4-6 拣货路径问题中的全局最优解和局部满意解的示例

考虑到拣货作业的频繁以及对时间的高度要求，在设计求解算法时必须权衡运算时间和求解质量，或者可以说应该在保证运算时间的前提下尽可能提高解的质量。下面将以传统的双区型仓库为例，阐述从根据实际情况建立距离矩阵到设计求解算法的流程。

二、建立距离矩阵

在建立模型之前，必须先计算出货位间的距离矩阵，从而评价和比较不同拣货路径之间的优劣。另外，由于拣货位多在底层，故忽略垂直距离影响，将拣货路径转化为平面路径，并且假设为折线路径，以此制定平面编号规则——RCBP 编号规则。RCBP 中的四个字母分别代表仓库的排（Row）、列（Column）、货架（Bay）和货位（Position）。RCBP 平面编码示意如表 4-3 所示。

表 4-3 RCBP 平面编码示意

参数	含义	最小值	最大值	值递增方向
Row	排	1	R_{max}	由南向北
Column	列	1	C_{max}	由西向东
Bay	货架	1	B_{max}	由南向北
Position	货位	1	P_{max}	由南向北

本部分考虑图 4-7 的双区型仓库，即 $R_{max} = 2$ 的情况。除仓库边缘两条过道外，仅有双区间的一条过道，其余为拣货巷道。以仓库西南角进出口 O 点为原点，由南向北为 y 正方向，由西向东为 x 正方向建立坐标系。设西南货架的西南角为点 s，坐标为 $s(x_s, y_s)$。设托盘货架间距为 d，每列货架宽度为 d_C，则背靠背的两列货架总宽度为 $2d_C$。假设拣货员沿货架边缘行走并拣选货物，拣选时取货位按中点计算。

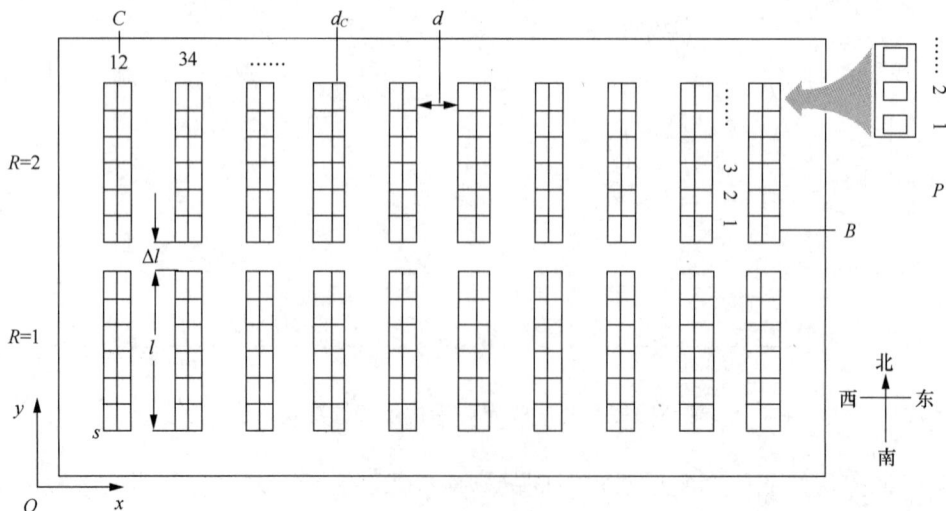

图 4-7 双区型仓库

对于任意货位，其坐标可设为 $W(x,y)$，其中横坐标由下列式子给出：

$$x = \begin{cases} x_s + \dfrac{C-1}{2}d + (C-1)\cdot d_C & （C为奇数时） \\ x_s + \left(\dfrac{C}{2}-1\right)d + C\cdot d_C & （C为偶数时） \end{cases} \quad （4\text{-}1）$$

记 Y 为货位相对于点 s 的纵向距离，则货位纵坐标 y 为 Y 与 y_s 之和。

设一列货架长度（取每排最长货架）为 l，两排货架间垂直相距 Δl。每节货架内长 l_B，每节货架安排 P_{max} 个货位，每个货位占用长度为 l_P，忽略货架立柱的影响，则有如下关系式：

$$l_B = l_P P_{max} \quad （4\text{-}2）$$

$$l = l_B B_{max} \quad （4\text{-}3）$$

而：

$$Y = (R-1)(l+\Delta l) + (B-1)l_B + (P-1)l_P + l_P \div 2 \quad （4\text{-}4）$$

则货位纵坐标 y 为：

$$y = Y + y_s = (R-1)(l+\Delta l) + (B-1)l_B + (P-1)l_P + l_P \div 2 + y_s \quad （4\text{-}5）$$

由此可以得出任一货位的坐标，从而可以计算任意货位之间的折线距离。折线距离又称为曼哈顿距离，用于表示两个点在标准坐标系上的绝对轴距总和。考虑到仓库的实际布局，采用折线距离表示货位之间的距离比采用直线距离更为贴近现实。一般而言，对于任意两个货位 $W_1(x_1,y_1)$ 和 $W_2(x_2,y_2)$，其折线距离计算方式如下。

$$s_{12} = X_{12} + Y_{12} = |x_1 - x_2| + |y_1 - y_2| \quad （4\text{-}6）$$

X_{12} 为两点间最短折线行走路径的横向长度总和，Y_{12} 为同一路径纵向长度总和。

然而，在拣货路径优化问题中，因为仓库中有货架的存在，货位之间的距离并不总是等于两点间最短折线距离。假设上述两个货位 $W_1(x_1,y_1)$ 和 $W_2(x_2,y_2)$ 的编号分别为 $R_1C_1B_1P_1$ 和 $R_2C_2B_2P_2$，记 $\Delta Y_i(i=1,2)$ 为货位 $W_i(x_i,y_i)$ 与所在货架最南端的距离，即：

$$\Delta Y_i = (B_i-1)\cdot l_B + (P_i-1)\cdot l_P + l_P \div 2 \ (i=1,2) \quad （4\text{-}7）$$

则有：

$$X_{12} = |x_1 - x_2| \quad （4\text{-}8）$$

$$Y_{12} = \begin{cases} \min\{\Delta Y_1 + \Delta Y_2, 2l - (\Delta Y_1 + \Delta Y_2)\}, & R_1 = R_2 且 \dfrac{C_1}{2} \neq \dfrac{C_2}{2} 时 \\ |y_1 - y_2| & ，其他情况下 \end{cases} \quad （4\text{-}9）$$

式（4-8）表示，货位 W_1 与货位 W_2 之间的最短拣货路径的横向长度总和为两点的坐标间横向距离。式（4-9）表示，若两货位在同一区但不同巷道中，则会存在绕行现象，此时取向北绕行和向南绕行二者中的较小值；其他情况下不存在绕行现象，故两货位间的最短拣货路径的纵向长度总和即为两点的坐标间纵向距离。由此可以得出仓库中所有货位的距离矩阵。

三、路径优化规划模型

现以 W_i 为货位，S_{ij} 表示货位 W_i 与货位 W_j 间最短距离（$i=0, 1, 2, \cdots, n; j=0, 1, 2, \cdots, n$），$n$ 为货位总数量，建立以下 TSP 模型。

假设从起点处 $W_O(0,0)$ 出发，拣选完一个波次中所有待拣货物后，最后回到起点。记 $W_1, W_2, W_3, \cdots$，用 W_n 表示一个波次中所有的 SKUs 的所在货位，其两两互不重复。货位坐标表示为 $W_i(x_i, y_i)$，（$i=0, 1, 2, \cdots, n, j=0, 1, 2, \cdots, n$）。假设 W_i 与 W_j 间最短距离为 S_{ij}，并引入决策变量 x_{ij}，（$i=0, 1, 2, \cdots, n, j=0,1,2, \cdots, n$），其意义如下。

$$x_{ij} = \begin{cases} 1, \text{顺次拣取货位} W_i \text{与货位} W_j \\ 0, \text{二者间无邻近先后次序} \end{cases}$$

此时有：$S_{ij} = S_{ji}$，且 $S_{iO} = S_{Oi} = x_i + y_j$。

以拣货路径最短为目标，建立数学模型如下。

$$\text{Min} z \sum_i \sum_j S_{ij} x_{ij} \tag{4-10}$$

$$\sum_{j=0}^{n} x_{ij} = 1, i = 0, \cdots, n \tag{4-11}$$

$$\sum_{i=0}^{n} x_{ij} = 1, j = 0, \cdots, n \tag{4-12}$$

$$\sum_{i \in D, j \notin D} x_{ij} \geqslant 1, D \text{ 为待拣货物集合的任一子集} \tag{4-13}$$

$$x_{ij} \in \{0,1\}, i = 0, \cdots, n; j = 0, \cdots, n \tag{4-14}$$

式（4-10）表示从起点出发经过 n 个已知货位后回到起点的总路径长度的最小值，式（4-11）与式（4-12）表示拣货路径恰好经过每个货位一次，式（4-13）表示拣货路径为历经所有货位的一个完整的回路，式（4-14）为 0~1 变量约束。

四、求解模型：以蚁群优化算法为例

蚁群优化算法（Ant Colony Optimization，ACO）模仿自然界蚁群寻觅食物和利用群体信息共享发现最佳觅食路径的行为。蚂蚁在觅食过程中分泌能够传递信息的信息素，而蚂蚁倾向于朝着信息素浓度高的方向前进。蚂蚁经常经过的地方信息素浓度会越来越高，从而形成正反馈，达到彼此协作搜索食物的目的。根据此原理设计的蚁群优化算法是一种模拟进化算法，其优点在于利用群体智能进行全局寻优，避免陷入局部最优解，适用于解决拣货路径优化问题。

在本问题中，蚁群优化算法的求解目标是对给定的若干个待拣货点，得出一条可以依次通过这些点的最短路径。具体思路可以描述为：在每一次迭代时，同时派出若干只蚂蚁，各自搜索一条完整的拣货路径并更新信息素浓度。任意两个待拣货点之间的弧都有各自的信息素浓度，如果有蚂蚁通过这个弧，则信息素浓度会增加，增加量与该蚂蚁最后搜索到的完整路径长度有关，路径越短则信息素浓度增加量越大。任意一只蚂蚁 k 在待拣货位 i 时，转移到任意一个待拣货位 j 的概率计算方式如下。

$$P_{ij}^k = \begin{cases} \dfrac{\tau_{ij}^\alpha \eta_{ij}^\beta}{\sum_{s \in d_k} \tau_{is}^\alpha \eta_{is}^\beta} & ,j \in d_k \\ 0 & ,j \notin d_k \end{cases} \qquad (4\text{-}15)$$

其中 τ_{ij} 为待拣货位 i 和 j 之间的信息素浓度；α 为信息素因子重要程度参数；η_{ij} 为启发式因子，指待拣货位 i 和 j 之间距离的倒数；β 为启发式因子重要程度参数；集合 d_k 包含的是蚂蚁 k 当前未访问过的待拣货位，这样可以避免蚂蚁访问已经访问过的货位。可见，蚂蚁选择下一个访问点的概率与信息素浓度和距离均有关。

蚁群优化算法作为一种常用的智能优化算法，其具体形式有许多变体，并且参数需要根据实际问题设定，感兴趣的读者可以搜索相关文献进行阅读并学习，同时可供参考的源代码在网络上可以找到很多，在此不赘述。

【同步测试】

简答题

1. 智慧仓储有哪几种类型，分别使用什么技术和设施设备？

2. 结合出入库的基本作业程序，简述应用智慧物流技术后出入库作业流程会有什么变化，以及采用智慧物流技术后仓储的优势有哪些。

【同步实训】

智慧仓储作业管理

实训目标

1. 掌握智慧仓储作业管理的基本理论与方法。

2. 掌握智慧仓储的作业流程，具备分析解决智慧物流仓储作业实际问题的能力。

实训要求

1. 理解和掌握智慧仓储的入库作业流程、管理的方法。

2. 掌握智慧仓储的货物在库保管与保养、盘点、移库作业的方法。

3. 掌握智慧仓储的货物出库的基本要求及方式、业务流程、出库作业，以及货物出库过程中遇到的问题的处理方法。

实训指导

1. 模拟操作：利用智慧仓储仿真软件进行模拟操作，加深对智慧仓储作业流程的理解。

2. 现场实训：在智慧物流综合作业实训室进行实际操作，提高学生的实践操作能力。

实训资源

1. 智慧仓储实训室设备：自动化立体仓库。

2. 软件资源：智慧物流仿真软件、仓库管理系统、仓库控制系统等。

智慧仓储库存管理

知识目标

掌握库存的概念和优劣势，以及库存成本结构。

掌握常见的库存需求预测方法。

掌握常见的库存控制策略。

掌握常见的供应链库存控制策略。

掌握常见的库存分类方法。

技能目标

初步具备库存需求预测能力。

初步具备库存控制能力。

初步具备供应链库存控制能力。

能对库存进行分类管理。

素质目标

培养学生树立精益管理理念，提高科学决策能力。

知识架构

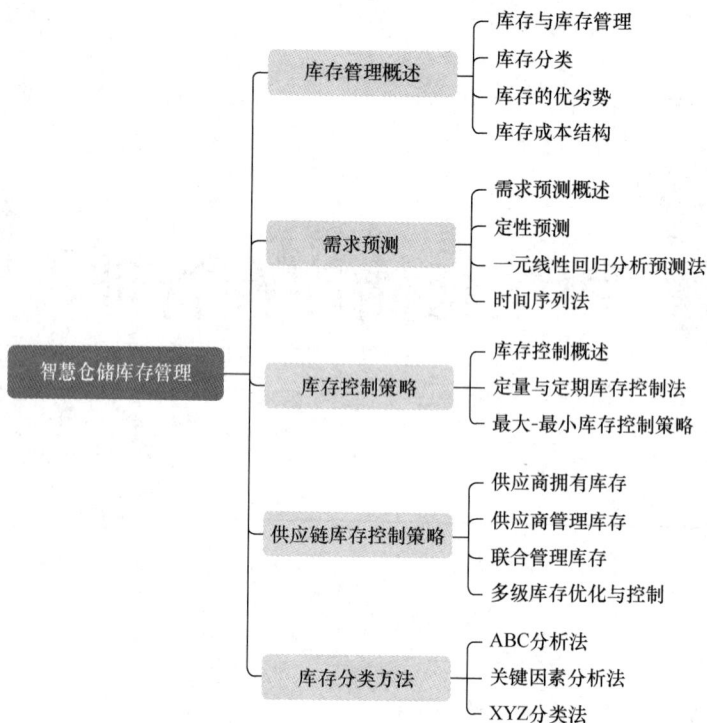

【案例导入】

"白色家电营销战"打响以来，一边是钢材等上游原材料价格上涨，一边是渠道库存压力逐年递增，再加上"价格大战"、产能过剩、利润滑坡、过度竞争等压力，除进行产品和市场创新外，挤压成本成为众多企业的生存之道。

近年来，在降低市场费用、裁员、压低采购价格等方面，美的始终围绕着成本与效率，在供应链这条关乎空调企业存亡的生死线上绞尽脑汁，实行"业务链前移"策略，力求用"供应商管理库存"和"管理经销商库存"形成整合竞争优势。

美的于2002年开始引入供应商管理库存系统，美的作为供应链里的"链主"，即核心企业，居于产业链上游且有300多家较为稳定的供应商。其中60%的供应商在美的顺德总部周围，还有部分供应商距离美的三天以内车程，只有15%的供应商距离较远。在这个现有供应链之上，美的实现供应商管理库存的难度并不大。对于15%的远程供应商，美的在顺德总部建立了很多仓库，然后把仓库分成很多片区。外地供应商可以在仓库里租赁一个片区，并把零配件放到片区里储备。美的需要用到这些零配件的时候，就会通知供应商，然后进行资金划拨、取货等工作。此时零配件的所有权才从供应商转移到美的手上，而在此之前，所有的库存成本都由供应商承担。也就是说，在零配件交易之前，美的一直把库存成本转嫁给供应商。

实施供应商管理库存后，美的降库存成效显著，美的零配件库存周转率上升到 70～80 次，零配件库存也由原来平均的 5～7 天存货水平，大幅减少为 3 天左右，而且这 3 天的库存也由供应商管理并承担相应成本。库存周转率提高后，一系列相关的财务"风向标"也随之"由阴转晴"：资金占用成本降低、资金利用效率提高、资金风险下降、库存成本下降。

请思考：

1. 供应商管理库存模式如何帮助美的提高供应链的透明度和响应速度？

2. 在供应商管理库存模式下，如何平衡库存水平以避免缺货或过剩？

任务一　库存管理概述

一、库存与库存管理

处于储存状态的商品叫作库存，它是储存的表现形态，主要分为两类：

一类是生产库存，即直接消耗物资的基层企业、事业单位的库存物资，它是为了保证基层企业、事业单位所消耗的物资能够不间断地供应而储存的；

另一类是流通库存，即处于供应链流通环节的物资，包括生产企业原材料库存、在途库存、分销商库存及零售商库存。

企业为了能及时满足内部的生产需求或客户的订货需求，就必须经常保持一定数量的库存。

一方面，企业没有足够的库存，会造成供货不及时、供应链断裂，丧失市场或交易机会；社会整体库存不足，会造成物资匮乏、供给小于需求，导致社会恐慌。

另一方面，库存需要相应的维持费用，还存在由于库存积压和损坏而产生的库存风险。因此，在做库存决策时既要保留合理的库存数量，防止货源中断和库存不足，又要避免库存过量，产生不必要的库存费用。所以，库存管理的任务便是优化商品的存储，以便使企业在合适的时间，以最低的成本，满足客户对特定数量和质量商品的需求。

在外部要素剧烈变化的环境中，企业须设立相对高的库存。例如，在过去几年中，国家粮食储备、外汇储备均在剧烈变化的外部环境中发挥了稳定器的作用。而在一些产业链配套齐全的地区，如长三角，其电子制造产业链上企业的库存可适当降低，或运用精益思想实现准时配送的零库存模式。

二、库存分类

一般情况下，库存可以按照不同的标准进行分类。

（一）按照库存来源分类

从库存来源的角度，库存可分为外购库存和自制库存两类。

① 外购库存，指企业从外部购入的库存。

② 自制库存，指企业内部制造的库存。

（二）按照生产过程分类

从生产过程的角度，库存可分为原材料库存、在制品库存、维修库存和产成品库存四类。

① 原材料库存，指企业已经购买，但尚未投入生产过程的库存。

② 在制品库存，指经过部分加工，但尚未完成的半成品库存。

③ 维修库存，指为维修设备而储备的配件、工具等。

④ 产成品库存，指已经制造完成并等待装运发出的库存。

（三）按照经营过程分类

从经营过程的角度，库存可分为经常库存、安全库存、促销库存、投机性库存、季节性库存。

① 经常库存，也叫周转库存，是为了满足两次进货期间市场的平均需求或生产经营的需要而储存的库存。库存量受市场平均需求、生产批量、运输批量、资金和仓储空间、订货周期、货物特征等多种因素的影响。

② 安全库存，指为防止需求波动或因订货周期不确定而储存的库存。安全库存与市场需求特性、订货周期的稳定性密切相关。市场需求波动越小或需求预测越准确，订货周期越明确，所需的安全库存越少。如果企业能对市场做出完全准确的预测、订货周期固定，就可以不必保有这部分库存。

③ 促销库存。在企业促销活动期间，销售量一般会出现一定幅度的增长，为满足这类预期需求而建立的库存，称为促销库存。

④ 投机性库存，指以投机为目的而储存的库存。对一些原材料，如铜、黄金等，企业购买并储存的目的常常不是经营，而是进行价格投机。

⑤ 季节性库存，指为满足具有季节性特征的需要而建立的库存，如农产品、空调、冬季取暖用煤、夏季防汛产品。

（四）按照库存的作用分类

从库存的作用的角度，库存可分为周转库存、安全库存、调节库存和在途库存。

① 周转库存，是为了满足日常生产经营的需要而建立的库存，通常是根据订货周期和订货批量进行补充的。

② 安全库存，是为应对未来物资供应的不稳定性或需求的不确定性（如大量突发性订货、交货意外中断或突然延期等）而准备的缓冲库存，通常是根据历史数据和经验进行预测和设置的。

③ 调节库存，是为了调节市场需求或供应的不均衡、生产速度与供应速度不均衡、各个生产阶段的产出不均衡而设置的，通常是根据市场趋势和生产计划进行预测和设置的。

④ 在途库存，是指从一个地方到另一个地方，发生在运输过程中的库存，通常是根据运输计划和运输时间进行预测和管理的。

（五）按照库存的参数特性分类

从库存参数特性的角度，库存可分为随机型库存和确定型库存两类。

① 随机型库存，指存货的市场需求和订货提前期至少有一个是随机变量的库存。

② 确定型库存，指存货的市场需求量确定且已知，同时订货提前期固定且与订货批量无关的库存。

▍三、库存的优劣势

现代物流理论认为"库存是一个必要的恶魔"，也就是说库存在企业的经营过程中十分必要，同时它也会对企业造成一部分不可避免的损害。

（一）库存的优势

1. 实现规模经济，降低相关成本

企业通过持有库存，可以实现采购、运输和制造等方面的规模经济。如在采购方面，大批量的采购可以节约采购费用，同时可以获得批量折扣；在运输方面，大批量运输可以选用最经济的运输方式，实现运输成本的分摊，从而降低单位物品的物流运输成本；在制造方面，持有库存有利于扩大生产规模，从而形成规模经济。

2. 防止供给短缺，提高服务水平

制造商通过增加库存数量，持有超出为满足生产所必需的库存量，提高物料的可用性，以防未来存货供给不足或突发的需求等原因造成的缺货，从而避免缺货带来的相关损失。

3. 减小需求与供给在时间和空间上的差异

库存有利于减小需求和供给之间的差异。市场需求与产品产量并不是时时匹配的，产品通常提前生产，以待销售旺季进行销售，库存可以减小需求和供给的时间差异。因此可以通过在途库存来减小生产者、中间商及最终消费者因处于不同位置而产生的差异。

4．实现连续生产，维持生产稳定性

企业按销售订单与销售预测安排生产计划，并制定采购计划，下达采购订单。由于采购的材料需要一定的提前期，这个提前期是根据统计数据或者是在供应商生产稳定的前提下制定的，因此存在一定的风险，有可能拖后而延迟交货，最终影响企业的正常生产，造成生产的不稳定。为了降低这种风险，企业就会增加材料的库存量。

5．提高客户响应性，维持销售稳定性

销售预测型企业对最终销售产品必须保持一定数量的库存，其目的是应对市场的需求变化。这种方式下，企业并不预先知道市场真正需要什么，只是按对市场需求的预测进行生产，因而产生一定数量的库存是必然的。但随着供应链管理的发展，这种库存会减少或消失。

（二）库存的劣势

1．占用企业流动资金

仓库中的每一种库存根据其价值的不同占用着企业不同的资金，库存中的原材料、在制品和产成品是占用流动资金的主要部分。在仓库中的库存越多，企业被占用的流动资金也就越多。

2．产生库存成本

仓库中的货物在储存的过程中，不仅会增加企业的产品成本与管理成本，还会产生持有库存的成本。库存材料成本的增加直接增加了产品成本，而相关库存设备、仓库管理人员的增加也加大了企业的管理成本。同时库存占用资金，增加企业资金利息的机会成本。若库存丢失、被盗、降价、发生物理或化学变化等，会造成库存价值损失。

3．掩盖众多管理问题

不合理的库存水平，会掩盖企业众多管理问题，如计划不周、采购不力、生产不均衡、产品质量不稳定及市场销售不力等。用比较形象化的语言来说，高水位的海水掩盖了水下的礁石，使得人肉眼无法看见代表危险的礁石，容易造成触礁事故。但如果海水退去，这些礁石就暴露出来了。这也就意味着，若不好好解决库存掩盖的管理问题，最终可能导致严重的后果。

四、库存成本结构

在企业的仓储管理过程中，一切活动都会伴随着资金的流动。而在企业的库存经营活动中，企业资金的投入最明显。取得存储在仓库里的货物的所有成本的总和即为库存

成本，它是物流作业成本中的一个主要组成部分。库存成本主要包括四个组成部分：库存持有成本、订货成本、缺货成本、购买费用。

（一）库存持有成本

库存持有成本是指为保持库存而发生的成本，即拥有库存必须付出的成本。按照库存持有成本与库存数量和时间的关系，它可以分为固定成本和变动成本。

固定成本是指一定时间内，与库存数量和时间都无关，且成本总额相对稳定的成本，例如仓库折旧、仓库职工的固定月工资等。

变动成本是指随着库存数量和时间的变化而变动的成本，例如库存占用资金的应计利息、破损和变质损失、安全费用等。

变动成本主要包括资金占用成本、仓储空间成本、库存服务成本和库存风险成本。其中资金占用成本，也称为利息成本或机会成本，是库存成本的隐含价值。资金占用成本反映失去的盈利能力，如果资金投入其他方面，就会要求取得投资回报，因此资金占用成本就是这种尚未获得的回报。资金占用成本是库存持有成本的最大组成部分。仓储空间成本包括与产品运入、运出仓库有关的搬运成本以及相关存储成本，例如租赁、取暖、照明等费用，即搬运成本与实物存储成本。这项成本随情况的不同而有很大变化。例如原材料经常直接从火车卸下并露天存储，而产成品则要求更安全的搬运设备及更复杂的存储设备。而库存服务成本主要指保险费和税费。根据产品的价值和类型的不同，产品丢失或损坏的风险越高，需要的保险金额越高。库存风险成本是库存持有成本的主要组成部分，反映了一种非常现实的可能性，即企业无法控制的原因造成的库存贬值。

（二）订货成本

订货成本是指企业为了获得某种库存货物而进行各种活动的费用，包括处理订货的办公费、差旅费、手续费、邮资、电报电话费、文书等支出。

订货成本中有一部分是固定成本，与订货次数和订货数量并无直接关联，只是用于维持部门的正常活动，例如常设采购机构的基本开支等；另一部分是变动成本，与订货数量无关，但是随着订货次数的变动而变动，例如差旅费、邮资等。

此外，当库存的某些产品不能由外部供应而需企业自己生产时，订货成本即生产准备成本，指企业为生产一批货物而进行改线准备的成本。其中更换模具、夹具需要的工时或添置的某些专用设备等属于固定成本；与生产产品的数量有关的费用，例如材料费、加工费等属于变动成本。

（三）缺货成本

缺货成本是指当存货供不应求导致断货时产生的各种损失，包括生产受影响（停工待料）而造成的损失、利润的损失和信誉降低而造成的损失等。

当发生缺货事件后，企业可以延期交货，那么会产生相应的延期交货成本。延期交货的特殊订单处理费用比一般的订单费用高，且延期交货的商品经常是小规模运输，导致运输成本较高。

如果客户不允许延期交货，则会产生失销成本。其直接损失是这种产品的利润损失，可以通过计算单位产品的利润，再乘以客户的订货数量来计算直接损失。除了直接损失外，还存在负责这笔业务的销售人员的人力、精力的浪费，称为机会损失。由于缺货，客户可能永远转向另一供应商，造成客户丢失。丢失了客户，企业也就失去了未来一系列收入，这种缺货造成的损失很难估计。

（四）购买费用

购买费用指支付给供应商的所购货物的费用，通常表现为合同上约定的货物单价与货物订购量的乘积。购买费用一般由采购人员和供应商商定，选择合适的供应商，降低购买费用是降低企业库存成本的重要途径之一。

任务二 需求预测

库存需求预测是指预测未来生产经营活动对库存物资的需求。它是基于对生产、装运或销售等方面的预测或计划以及客户需求的估计而对未来货物的需求数量、需求地点、需求品种、需求时间进行估计。库存管理中一个重要的环节便是库存控制，而库存控制的量化离不开准确的库存需求预测数据。

一、需求预测概述

预测是对未来可能发生的情况的预计与推测，预测不仅是长期的战略性决策的重要依据，也是短期的日常经营活动的重要依据。

需求预测指估计未来一定时间内，整个产品或特定产品的需求量和需求金额。

需求预测通过充分利用现在和过去的历史数据，考虑未来各种影响因素，结合企业的实际情况，采用合适的科学分析方法，提出切合实际的需求目标，从而制定营销、采购、预算、人力资源等计划。

影响需求预测的因素有很多，如客户偏好、产品生命周期、竞争者的行为、商业周期等，市场中的各种因素对需求预测也有不同的影响。

市场需求是企业生产运作的"驱动源"，因此，比较准确的需求预测对企业的运作至关重要。

二、定性预测

定性预测指预测者依靠熟悉业务知识、具有丰富经验和综合分析能力的人员与专家，根据已掌握的历史资料和直观材料，运用个人的经验和分析判断能力，对事物的未来发展做出性质和程度上的判断，再通过一定形式综合各方面的意见，作为预测未来的主要依据。定性预测主要包括以下三种方法。

（一）德尔菲法

德尔菲法是根据专家小组成员的直接经验，对研究的问题进行判断预测的一种方法，也称专家调查法，是美国兰德公司于 1946 年首先用于预测领域的。德尔菲法以匿名的方式通过函询征求专家们的预测意见，预测组织者对每一轮意见进行汇总整理，将汇总好的资料作为参考资料发给每位专家，供他们分析，提出新的预测意见。如此反复几次，专家们的预测意见渐趋一致，预测结论的可靠性越来越大。

德尔菲法具有三大特点，分别如下。

① 匿名性。专家用书面形式回答预测问题，不必署名。

② 反馈性。通过多轮函询反馈沟通信息。

③ 统计性。每次都要对反馈信息进行统计处理。

（二）主观概率法

主观概率法又称空想预测法，它是预测者对所预测事件的发生概率（即可能性大小）做出主观估计，或者说对事件变化动态做出心理评价，然后将这些主观估计汇总计算平均概率值，以此作为预测事件结论的一种定性预测方法。主观概率法具有明显的主观性。

（三）销售人员预测法

销售人员预测法是依据企业销售人员丰富的实践经验以及他们对市场动态和客户心理的把握，对未来市场需求做出估计的方法。

这些销售人员对市场情况很熟悉，对购买者意向很了解，所以他们比其他人有更丰富的知识和更敏锐的洞察力，可以获得较详细的销售量估计，同时节省预测时间和费用。使用该方法应注意以下四点。

① 应从各部门选择经验丰富的有预测分析能力的人参与预测。

② 应要求预测参与者经常搜集市场信息，积累预测资料。

③ 预测组织者应定期将市场形势和企业的经营情况提供给预测参与者。

④ 预测应经常化，并对预测成绩显著者给予表彰或奖励，以调动他们的积极性。

除了以上三种方法外，还有消费者意向预测法、情景预测法等多种定性预测方法，由于不是本任务学习的重点，在此不赘述。

三、一元线性回归分析预测法

一元线性回归分析预测法，是根据自变量 x 和因变量 y 的相关关系，建立 x 与 y 的线性回归方程进行预测的方法。由于市场现象一般受多种因素的影响，因此，应用一元线性回归分析预测法的前提是对影响市场现象的多种因素做出全面的分析。在剔除季节因素、促销因素和其他因素后，可以把销量当成时间序列的函数，将时间作为自变量 x，对因变量商品销量进行线性拟合。具体如下。

被预测或被解释的变量称为因变量，用 y 表示；用来预测或用来解释因变量的一个或多个变量称为自变量，用 x 表示。一元线性回归就是要依据一定数量的观察样本(x_i，y_i)(i=1，2，…，n)，得到相应的回归直线方程：

$$y=a+bx \tag{5-1}$$

式中，x 为自变量，y 为回归拟合值，a 为回归直线在纵轴上的截距，b 为回归直线的斜率。该方程在实际中表示自变量 x 每变动一个单位时因变量 y 的平均变动量。

根据最小二乘法原理来估计参数 a 和 b：

$$\hat{b} = \frac{\sum x_i y_i - \frac{1}{n}\left(\sum x_i\right)\left(\sum y_i\right)}{\sum x_i^2 - \frac{1}{n}\left(\sum x_i\right)^2} \tag{5-2}$$

$$\hat{a} = \overline{y} - \hat{b}\overline{x} \tag{5-3}$$

求出参数 a 和 b 的值后，即可得到回归方程：

$$\hat{y} = \hat{a} + \hat{b}x \tag{5-4}$$

四、时间序列法

时间序列法是指将过去的历史资料及数据，按时间顺序加以排列构成一个数字序列，根据其动向预测未来趋势的方法。时间序列法认为过去的统计数字之间存在着一定的关系，这种关系可以用统计方法表示，而且过去的状况对未来的销售趋势有决定性影响。因此，可以用这种方法预测未来的趋势。

（一）时间序列分解模型

在实际中，市场需求易受多种因素影响而发生变动，从而呈现为不稳定状态。因此采用时间序列法进行需求预测，其准确度与多种影响因素息息相关，其中主要影响因素有以下四个。

① 长期趋势变动，指时间序列变量在较长的持续时间内的某种发展总动向，一般用 T 表示。T 一般可以通过移动平均或者线性回归等方法进行拟合，因此它是可预测的部分。

② 季节变动，指由于季节变换的固定规律作用而发生的周期性变动。季节变动的周期可以是一个季度，也可以是一年，一般用 S 表示。例如冬季羽绒服畅销，而夏季销量较低。通过固定位置的历史数据（取均值或者进行其他数学变换），对未来的某个位置的季节变动因素进行估计，因此 S 也是可预测的部分。

③ 周期变动，又称循环变动，指时间序列在较长时间内呈现出的涨落起伏，一般用 C 表示。循环变动和季节变动很像，有周期性因素存在。但循环变动的周期是隐性的，往往要先将显性的周期性波动排除后，再观察剩下的数据部分是否有循环波动的因素，若有，也能通过同比计算等方法将其提出，因此 C 也是可预测的。

④ 不规则变动，又称随机变动，是指偶发事件导致时间序列出现数值忽高忽低无规则可循的变动，一般用 I 表示。I 既然是随机波动，自然是不可预测的。

综合考虑以上四种因素影响时，通常使用两种模型。

① 加法模型。具体形式可表现为：$y_t = C + T + S + I$ （5-5）

② 乘法模型。具体形式可表现为：$y_t = T \cdot S \cdot C \cdot I$ （5-6）

（二）时间序列平滑模型

1．移动平均法

移动平均法是用一组最近的实际数据来预测未来一期或几期内企业产品的需求量的一种常用方法。移动平均法适用于即期预测。当产品需求既不快速增长也不快速下降，且不存在季节性因素时，移动平均法能有效地消除预测中的随机波动。根据预测时使用数据的权重不同，移动平均法可以分为简单移动平均法和加权移动平均法。

（1）简单移动平均法

简单移动平均法使用的各数据的权重都相等。简单移动平均法的计算公式如下。

$$y_t = \frac{x_{t-1} + x_{t-2} + \cdots x_{t-n}}{n} \qquad （5-7）$$

y_t 为 t 期的预测值；

x_{t-1} 为 $t-1$ 期的实际值；

n 为移动平均的时期数。

（2）加权移动平均法

加权移动平均法与简单移动平均法的不同在于，加权移动平均法给每个实际销量以不相等的权重。其原理是历史各期产品需求的数据对预测未来期内的需求量的作用是不一样的。一般来说，远离目标期的销量的影响力相对较弱，故应给予较低的权重。计算公式如下。

$$F_t = \frac{\sum_{i=1}^{n} w_i \cdot x_{t-i+1}}{\sum_{i=1}^{n} w_i} \tag{5-8}$$

F_t 是 t 期的预测值。

x_{t-i+1} 是 $t-i+1$ 期的实际值。

w_i 是对应于 x_{t-i+1} 的权重。

n 是用于计算移动平均的观测值的数量。

其中，w_{t-1}，w_{t-2}，…，w_{t-n} 称为加权因子，满足 w_{t-1}，w_{t-2}，…，$w_{t-n} \in [0,1]$ 且 $w_{t-1} + w_{t-2} + \cdots + w_{t-n} = 1$。

在运用加权移动平均法时，加权因子的选择是一个应该注意的问题，经验法和试算法是选择权重的简单方法。

一般而言，最近期的数据最能预示未来的情况，因而权重应大些。例如，根据前一个月的利润和生产能力比根据前两个月的数据能更好地估测下个月的利润和生产能力。

2．指数平滑法

指数平滑法是根据特定的平滑系数计算指数平滑值进行市场预测的方法，实质是一种特殊的加权平均法。指数平滑法的预测值，实质是全部历史数据的加权平均数。指数平滑法一般用于观察期具有长期趋势变动和周期性变动的预测。

指数平滑法在实际应用中可分为一次指数平滑法、二次指数平滑法和多次指数平滑法。一次指数平滑法适用于水平型变动的时间序列预测，二次指数平滑法适用于线性趋势型变动的时间序列预测，而多次指数平滑法适用于非线性趋势变动的时间序列预测。在此只介绍一次指数平滑法。

一次指数平滑法是以最后一个一次指数平滑值为基础进行市场预测的方法。一次指数平滑法的计算公式如下。

$$y_{t+1}^{(1)} = \alpha x_t + (1-\alpha) y_t^{(1)} \tag{5-9}$$

式中，$y_{t+1}^{(1)}$ 为 $t+1$ 期的预测值，α 为平滑系数，x_t 为 t 期的实际值。

指数平滑法考虑所有的历史数据，而其中近期实际数据的权重大，远期实际数据的权重小。在运用一次指数平滑法的过程中，最关键的问题是要确定平滑系数 α（$0 < \alpha < 1$）的大小，它表示赋予实际数据的权重。一般来说，预测值依赖于平滑系数的选择。如果实际需求稳定，那么 α 的值应该小一些，如果实际需求波动比较大，则 α 应该取较大值。

设已知某种商品连续 15 个月的销售量，取平滑系数 $\alpha = 0.1$、$\alpha = 0.3$、$\alpha = 0.5$，并设初始值为最早的三个数据的平均值即 $y_1^{(1)} = \frac{11 + 14 + 8}{3} = 11$，利用一次指数平滑法计算该商品的每月销售量的指数平滑值，并预测第 16 个月该商品的销售量。

以 $\alpha = 0.5$ 的一次指数平滑值计算为例，有：

$$y_1^{(1)} = 0.5 \times 11 + 0.5 \times 11 = 11$$

$$y_2^{(1)}=0.5\times14+0.5\times11=12.5$$

计算结果如表 5-1 所示。

表 5-1 一次指数平滑预测结果

月份（t）	实际销量（x_t）	预测值 $y_{t+1}^{(1)}(\alpha=0.1)$	预测值 $y_{t+1}^{(1)}(\alpha=0.3)$	预测值 $y_{t+1}^{(1)}(\alpha=0.5)$
1	11	11	11	11
2	14	11	11	11
3	8	11.3	11.9	12.5
4	19	11.07	11.03	10.25
5	11	11.96	13.42	14.63
6	17	11.77	12.7	12.81
7	18	12.29	13.99	14.91
8	21	12.86	14.89	16.45
9	22	13.67	16.72	18.73
10	24	14.51	18.31	20.36
11	23	15.46	20.01	22.18
12	25	16.21	20.91	22.59
13	26	17.09	22.14	23.8
14	28	18.08	23.3	24.9
15	29	19.27	24.71	26.45
16	—	20.34	26	27.73

应用一次指数平滑法预测，α 取值一般从 0.1 开始，然后依次取 0.2，0.3，…（$0<\alpha<1$），逐个计算其预测值，分析预测误差，从中确定预测误差最小的 α 值，并以此确定最后预测值。

3. 预测误差

预测误差是指预测值与实际值之间的差异。当预测值大于实际值时，误差为正；当预测值小于实际值时，误差为负。当所使用的预测模型有参数时，如指数平滑法，在选择参数 α 时，应选择使预测误差最小的参数 α 进行预测。一般采用平均绝对误差（MAE）来衡量预测值与实际值之间的差异，计算公式如下。

$$\text{MAE}=\frac{1}{n}\sum_{i=1}^{n}\left|y_i-\widehat{y_i}\right| \tag{5-10}$$

式中，n 是样本数量，y_i 是第 i 个样本的实际值，$\widehat{y_i}$ 是第 i 个样本的预测值，$\left|y_i-\hat{y}_i\right|$ 是第 i 个样本的实际值与预测值之间的绝对误差，这个指标能够直观地反映模型预测的准确性，因为它直接计算了预测值与实际值之间的平均差异（不考虑方向，只考虑大小）。MAE 值越小，表示模型的预测越准确。根据表 5-1，计算出的 MAE 值如表 5-2 所示。

表 5-2　预测误差值

x_t	MAE
$y_{t+1}^{(1)}$ (α =0.1)	5.86
$y_{t+1}^{(1)}$ (α =0.3)	4.17
$y_{t+1}^{(1)}$ (α =0.5)	3.31

比较可以发现，α =0.5 的平均绝对误差值最小，因此，选用 α =0.5，相应的第 16个月份的预测值为 27.73，MAE=3.31，预测精度较高。

任务三　库存控制策略

一、库存控制概述

库存控制是指企业对生产经营过程中的各种原料、半成品及产成品或其他生产资源进行管理和控制，使其库存保持在经济且合理的水平上。

（一）库存控制的目的与必要性

1．库存控制的目的

库存控制的根本目的是在满足企业生产、经营需求的前提下，使库存数量保持在合理的水平上。因此企业需要做到：掌握库存数量的动态变化趋势，适时且适量发出补货指令，避免超储或缺货；减少库存空间占用，降低库存总费用；控制库存资金占用，加速资金周转。

2．库存控制的必要性

若库存量过小，会导致以下问题：①服务水平下降，影响销售利润和企业信誉；②生产系统原材料或其他物料供应不足，影响生产过程的正常进行；③生产过程的均衡性和装配时的成套性受影响；④订货间隔期缩短，订货次数增加，订货成本提高。

反之，若库存量过大，则会导致以下问题：①增加货物占据的仓库面积，增加存储费用，无形中提高企业产品的成本；②占用大量流动资金；③造成企业资源的闲置，影响资源的合理配置及优化。

（二）库存控制的意义

从组织功能的角度来看，库存控制主要是仓储管理部门的责任，而制定库存控制策略则是整个需求与供应链管理部门的责任。各部门协作制定合理的库存控制策略能够帮助企业实现更快速的资金周转，提高资源使用效率，从而增加企业投入的收益。库存控制的意义有以下三点。

1．合理的库存控制策略是企业提高服务水平的需要

面对激烈的竞争环境，企业不仅要保证为客户提供优质的产品，还需要为客户提供高品质的服务以增强自身竞争力。较高的库存水平能够提高客户需求满足率，同时也会导致高运营成本，通过高成本来维持高服务水平不是企业的可持续发展方式。因此企业必须通过合理的库存控制策略来维持合适的库存水平，从而更好地满足客户需求。

2．库存控制是企业规避风险的重要手段

库存控制策略需要通过优化整个需求与供应链管理流程，合理设置规则，辅以相应的信息处理手段和工具，从而在保证及时交货的前提下，尽可能降低库存水平，减少库存积压与货物报废、贬值的风险。

3．库存控制策略是整个物流供应链管理中的重要组成部分

库存控制策略的制定不仅包含仓储管理这一环节，其涉及更重要的部分是：需求预测与订单处理、生产计划与控制、物料计划与采购、库存计划、配送与发货策略。因此库存控制策略作为库存管理的重要手段，是整个需求与供应链管理流程不可缺少的。

二、定量与定期库存控制法

（一）定量库存控制法

定量库存控制法又叫定量订货法，是指当库存量下降到预定的最低库存量（订货点）时，按规定数量（一般以经济订货批量为标准）进行订货补充的一种库存控制方法。显然，定量订货法的两个主要参数是订货点和订货批量，只有确定这两个参数，定量订货法才能得以实施。而在订货批量中，经济订货批量是以最低库存成本为原则来确定的最佳订货批量，所以一般定量订货法都会采用经济订货批量。

1．订货点的确定

在定量订货法中，订货点是指企业发出订货单时仓库中该物料现有的总库存量。而影响订货点的主要因素有三个：需求速率、订货提前期和安全库存。

需求速率是指物料需求的速率，用单位时间内的需求量 R 来表示。

订货提前期是指从发出采购订单订货到所订货物入库为止间隔的时间长度，一般以 T_K 表示。

安全库存是指企业为了防止不确定因素（如突发性大量订货或供应商延期交货）影响订货需求而准备的缓冲库存，一般以 Q_S 表示。

在定量订货法中，这三个因素决定了订货点的大小。

当需求速率 R 和订货提前期 T_K 确定时，一般并不需要安全库存 Q_S。订货点 Q_K 就等于订货提前期内企业消耗的总需求量 Q_L，也就是说订货点其实就是订货提前期与单位时

间内平均需求量（需求速率）的乘积，则（D 为年需求量）：

$$Q_K = T_K \times D \div 365 \qquad (5-11)$$

或者

$$Q_K = T_K \times D \div 12 \qquad (5-12)$$

而当需求速率 R 和订货提前期 T_K 不确定时，则需要设置安全库存 Q_S。订货点 Q_K 就等于最大订货提前期内企业消耗的平均需求量与安全库存 Q_S 的和，则：

$$Q_K = T_{max} \times D \div 365 + Q_S \qquad (5-13)$$

或者

$$Q_K = T_{max} \times D \div 12 + Q_S \qquad (5-14)$$

式中：T_{max} 是指最大订货提前期。

一般，安全库存需要用概率统计的方法求出。假设总需求量的变化服从正态分布，则安全库存为：

$$Q_S = \alpha \sigma \sqrt{T_{max}} \qquad (5-15)$$

式中：α 为安全系数，主要由服务率或者缺货率来确定；σ 为需求量分布的标准差。

2．经济订货批量的确定

经济订货批量（Economic Order Quantity，EOQ）指以库存费用最低为目标所求的每次订货批量，用以解决独立需求物品的库存控制问题。企业的合理库存量是指库存能够满足正常的生产经营活动，同时使库存成本保持在较低的水平，而 EOQ 便是同时满足这两个条件的合理库存量。

在企业年需求量固定的情况下，一次订货量越大，订货次数就越少，每年花费的总订货成本就越少，因此，从订货成本的角度看，订货批量越大，成本越小。但是订货批量越大，其平均库存量也就越高，对应的库存持有成本也就越大，因此，从库存持有成本的角度看，订货批量越小其成本就越小。订货成本和库存持有成本呈现出此消彼长的关系，因此订货批量与库存总成本的关系并不简单。现为了研究在满足企业生产需求的前提下使得库存总成本最小的订货批量 Q，即经济订货批量，提出以下假设：

① 年需求量固定，且为 D；

② 货物的单价固定，且为 P；

③ 库存持有成本以平均库存为依据，且单位库存年平均持有成本为 c_1；

④ 每次的订货成本固定，且为 c_2；

⑤ 不允许发生缺货。

在上述假设条件下，仓库的年库存成本由库存持有成本、订货成本和购买费用三部分构成，则年库存成本 C 为：

$$C = \frac{Q}{2} \cdot c_1 + \frac{D}{Q} \cdot c_2 + DP \qquad (5-16)$$

为了获得经济订货批量，需将式（5-16）两边求解关于订货量的一阶导数，并令其等于 0，则

$$\frac{\mathrm{d}C}{\mathrm{d}Q} = \frac{c_1}{2} - \frac{c_2 D}{Q^2} = 0 \qquad （5\text{-}17）$$

简化式（5-17）就可得到经济订货批量的公式：

$$\mathrm{EOQ} = Q = \sqrt{\frac{2c_2 D}{c_1}} \qquad （5\text{-}18）$$

对应的最低年库存成本为：

$$C = \sqrt{2c_1 c_2 D} + DP \qquad （5\text{-}19）$$

那么年订货次数 n、平均订货间隔时间（订货周期）T 的公式为：

$$n = \frac{D}{\mathrm{EOQ}} = \sqrt{\frac{c_1 D}{2c_2}}；\quad T = \frac{365}{n} \qquad （5\text{-}20）$$

（二）定期库存控制法

定期库存控制法又叫定期订货法，是按预先确定的订货时间间隔按期订货，以补充库存的一种库存控制方法。每隔一个固定的时间周期，企业会全面检查库存物料的库存量，根据实际的库存量与预定的最大库存水平的差额确定每次订货批量。因为需求是随机变化的，所以每次订货批量都不尽相同。在定期订货法中，只要合理控制订货周期和最大库存量，就可以达到既满足正常的生产经营需求又节约库存成本的目的。

1. 订货周期的确定

在定期订货法中，订货周期决定订货的时机，其作用等同于定量订货法中的订货点。订货周期过长，订货批量、平均库存量势必过大，导致库存持有成本过高；订货周期过短，订货次数势必过多，导致订货成本过高。订货周期对年库存成本的影响也十分复杂。为使得年库存成本最低，类比于经济订货批量，年库存成本 C 为：

$$C = \frac{DT}{2} \cdot c_1 + \frac{c_2}{T} + DP \qquad （5\text{-}21）$$

同样地，为了获得经济订货周期，需将式（5-21）两边求解关于订货周期 T 的一阶导数，并令其等于 0，可得到：

$$T = \sqrt{\frac{2c_2}{c_1 D}} \qquad （5\text{-}22）$$

在实际中，订货周期也会根据其他的实际情况进行调整，如根据实际的生产周期或供应周期进行调整。

2. 订货批量的确定

定期订货法的原理是预先确定一个订货周期 T 和最大库存量 $Q_{\max}$，定期检查库存，根据实际检查的库存量和最大库存量来计算每次的订货批量，做出订货决策，完成订货。定

期订货法与定量订货法不同，定量订货法需要满足订货提前期的需求量，需要随机多次盘点库存以及时获得库存动态。但定期订货法不需要随机盘点，而是定时盘点，到了固定的订货时期，各种不同的物料可以同时订货。这样的管理方式更简单，而且节省了订货费用。

定期订货法的最大库存量是以满足订货周期 T 与订货提前期 T_K 内的物料需求量为目的的，即应当满足 $T+T_K$ 时间段内的总需求。此外，一般订货提前期 T_K 在实际运营中会有变化，且 $T+T_K$ 时间段内的需求也是随机的，所以在此条件下，企业应当为了预防随机性需求和订货延误等事件而设置安全库存，其公式为：

$$Q_{max} = \overline{R}(T + \overline{T_K}) + Q_S \qquad (5\text{-}23)$$

式中：$\overline{R}$ 为 $T+\overline{T_K}$ 时间段内的平均库存需求量；$\overline{T_K}$ 为平均订货提前期；$T+\overline{T_K}$ 为从本次订货开始到下次订货到达所间隔的平均时间。

确定了定期订货法的最大库存量 Q_{max} 后，每次的订货批量就可以根据每个周期盘点的实际库存量计算，即最大库存量与实际库存量的差值。但是严格来讲，实际库存量是指检查仓库时仓库具有的能够用于供应的全部物料数量，涉及在库库存量 Q_a 和在途库存量 Q_w，每次订货批量的表达式为：

$$Q^* = Q_{max} - Q_a - Q_w \qquad (5\text{-}24)$$

因为每次的在库库存量 Q_a 和在途库存量 Q_w 都是实际检查的结果，不确定性较大，可能每次都不一样，所以每次的订货批量也会不一样。

三、最大-最小库存控制策略

最大-最小库存控制策略，又称非强制库存控制策略，其既具有定量订货法的特征，又具有定期订货法的特征。在定期订货法中，无论当前库存量是多少，只要其低于最大库存水平就需要发出订货指令。由于库存消耗速度不一致，若最近一次订货后库存量下降很少，仍然需要进行订货操作，在这种情况下单次订货数量太少，导致订货次数增多。从某种意义来说，最大-最小库存控制策略仍旧是一种定期订货方法，不同点在于其需要确定一个最低库存水平。经过一个订货周期进行库存盘点时，若库存量小于或等于最低库存水平，则发出订货指令，否则需要在下一次库存盘点时再决定是否订货。

（一）最大-最小库存控制策略原理

两个订货周期内库存量的变化趋势如图 5-1 所示。在 T_{K1} 时刻进行库存盘点，得知库存量为 Q_{K1}，由于 $Q_{K1} < Q_{min}$，因此需要发出订货指令，且订货数量为 $Q_1 = Q_{max} - Q_{K1}$；经过一个订货间隔后，到达 T_{K2} 时刻，再次进行库存盘点，由于此时的库存量 $Q_{K2} > Q_{min}$，因此不需要进行订货操作；再经过一个订货间隔后，到达 T_{K3} 时刻，进行库存盘点可知实际库存量小于最低库存水平，即 $Q_{K3} < Q_{min}$，因此需要订货。

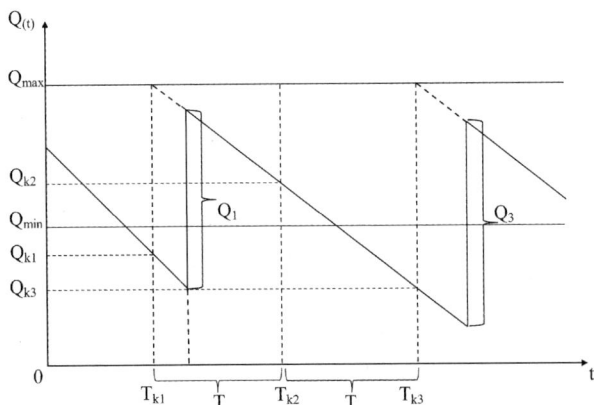

图 5-1　最大-最小库存控制策略库存量变化趋势

（二）最大-最小库存控制策略和定期订货法的比较

首先，与定期订货法相比，最大-最小库存控制策略在每次进行库存盘点时需判断是否进行订货操作，即不一定每次都需要订货，因此订货次数较少，节省了订货费用。另外，若订货间隔较长，那么最大-最小库存控制策略和定期订货法区别不大。

其次，最大-最小库存控制策略往往需要设置相当大的安全库存，若库存盘点时的库存水平稍高于订货点，则安全库存需要覆盖两个订货间隔再加上前置时间。可按类似于定期订货法确定订货间隔，订货点由安全库存量和整个前置时间与检查期内的期望需求量组成，安全库存则通过分析在前置时间和检查周期内产生的需求量的偏差来确定。

任务四　供应链库存控制策略

定量订货法、定期订货法以及最大-最小库存控制策略，这三种传统的库存控制方式主要解决两方面的问题，即"订货量"和"订货时间"的问题。

随着企业的发展，这些库存控制方式在一定程度上很难满足企业的现实要求。因为供应链的需求存在放大原理，实际的订货量往往与实际需求存在偏差。如何从供应链视角去制定企业的供应链库存控制策略成了关键。

近年来，随着协同规划、预测与补货（Collaborative Planning, Forecasting and Replenishment，CPFR）思想的发展，减少供应链上下游的中间库存，增强企业间的信息共享与协同，已经成了目前企业主要探讨与实践的方向。近些年应用较多的供应链库存控制策略有供应商拥有库存、供应商管理库存、联合管理库存三种。

上述的供应链库存控制策略突破了企业界限，致力于降低、消灭供应链上的中间库存，促进企业间的信息共享与协同。

一、供应商拥有库存

（一）供应商拥有库存概述

供应商拥有库存（Vendor Owned Inventory，VOI）是一种常见的供应链库存控制策略，旨在实现供应零库存。在这种策略下，供应商将货物补充到企业可以直接使用的仓库中，货物所有权属于供应商，但使用权及控制权在企业。企业可以根据自身的需求进行领料，并在领用出库时实现物权的转移。企业按照约定的结算期限与供应商按实际领用量进行结算。

（二）供应商拥有库存的优势与风险

VOI策略的优势在于，企业可以将库存管理的风险转移给供应商，同时利用供应商的专业知识和经验来管理库存。此外，通过VOI策略，企业可以降低库存成本，提高库存周转率，并更好地满足客户需求。

然而，VOI策略也存在一些挑战和风险。首先，供应商可能会面临库存积压的风险，如果企业的需求下降或出现其他问题，供应商可能会面临库存过剩的情况。其次，如果供应商管理不善或出现其他问题，企业的生产也可能会受到影响。

因此，在实施VOI策略时，企业需要选择可靠的供应商，并与之建立良好的合作关系。此外，企业还需要对供应商的库存进行定期监控和评估，以确保供应商能够及时补充货物并满足企业的需求。同时，企业也需要根据自身的情况和市场需求灵活调整采购策略，以实现最佳的供应链管理效果。

二、供应商管理库存

（一）供应商管理库存概述

供应商管理库存（Vendor Managed Inventory，VMI）一般被认为是供需双方之间的一种合作性策略，其目标是通过供需双方的合作，使双方都获得最低成本，真正降低供应链上的总库存成本。

VMI策略的关键措施主要体现在以下几个原则中。

① 合作性原则。在实施该策略时，相互信任与信息透明是很重要的，供需双方都要有较好的合作精神，从而保持较好的合作。

② 互惠原则。VMI解决的不是关于成本如何分配或谁来支付的问题，而是如何减少成本的问题。该策略可使供需双方的成本都减少。

③ 目标一致性原则。供需双方都明白各自的责任，观念上达成一致。例如库存放在哪里、什么时候支付费用、是否要支付管理费等问题都要回答，并且体现在框架协议中。

④ 总体优化原则。供需双方能共同努力消除浪费并共享收益。

VMI 策略的主要思想是供应商在企业的允许下设立库存，确定库存水平和补给策略并拥有对库存的控制权和决策权。

精心设计的 VMI 策略，不仅可以降低供应链的库存水平和成本，而且可以使企业获得高水平的服务，改善资金流。

VMI 策略一般用于供需双方认可的协同的共同管理的库存，目的是通过共享数据，让供应商自主补货。库存账务一般归属需求方，也可以归属供给方。VMI 策略一般用在汽车或者零售行业。

（二）供应商管理库存的模式

1．"供应商-制造商"模式

在这种模式中，制造商选择一些核心供应商，给其提供仓库，或供应商租用仓库。根据双方合作协议，制造商定期把销售预测、销售计划、生产排产计划等信息滚动提供给供应商，供应商按照制造商的生产安排自动向仓库补货。在汽车行业中，有些主机厂对其重点合作的供应商会采用此种模式。"供应商-制造商"模式如图 5-2 所示。

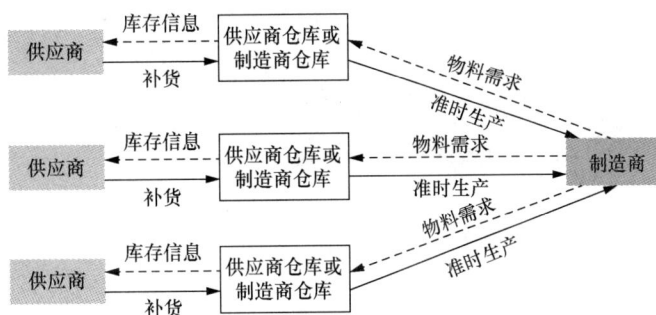

图 5-2 "供应商-制造商"模式

2．"供应商-第三方物流-制造商"模式

在这种模式中引入第三方物流（Third Party Logistics，3PL）进行仓储管理，根据三方之间的合约，3PL 承担仓储服务的同时，也承担库内分拣、配装、配送等服务。

这种模式中，3PL 服务多个供应商和制造商，可以发挥规模优势及服务优势。这就是 VMI-HUB 模式，在电子行业、汽配行业经常使用，如华为委托 DHL 为其提供零部件的库存管理服务。"供应商-第三方物流-制造商"模式如图 5-3 所示。

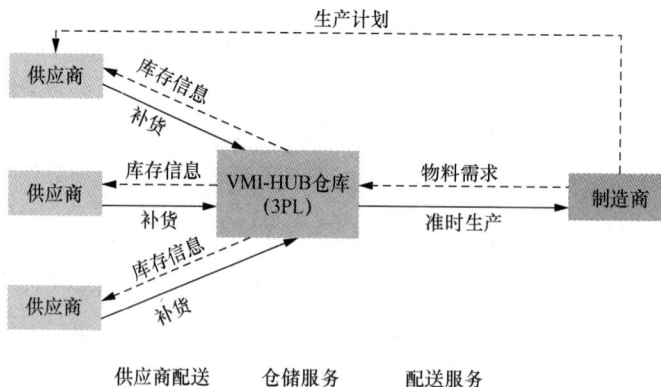

图 5-3 "供应商-第三方物流-制造商"模式

3．"制造商-分销商"模式

在这种模式中，制造商作为供应链中的上游企业，通过建立区域仓储物流中心，集中管理末端分销商的库存，从而减少末端分销商储备大量存货的情况。

一般在服装分销、汽车分销业务中采用这种模式，这种模式与目前行业出现的分销商库存集中、统仓统配模式是非常相似的。

此种模式不但可以使上游制造商准确掌握在售库存，而且能够使其有效避免产品倒挂销售、跨区串货等情况。"制造商-分销商"模式如图 5-4 所示。

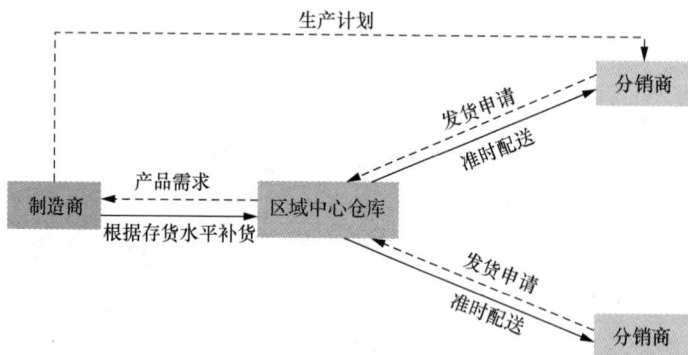

图 5-4 "制造商-分销商"模式

（三）供应商管理库存的优点

相对于传统库存控制方式与 VOI，VMI 有如下优点。

① VMI 将传统各自为政的库存管理方式转化为以核心制造商为中心的库存控制方式，简化了供应链库存层次。

② VMI 通过借助 3PL 专业化优势，可以使供应链上下游企业发挥专长，减少物流配送的精力，一定程度上降低供应链上的物流及仓储成本。

三、联合管理库存

（一）联合管理库存概述

VMI 是一种供应链集成化运作的决策代理模式，它把客户库存的控制权和决策权交给供应商，当然供应商也要承担更大的责任和风险，这样还是与供应链管理的双赢原则略有差距。因此，联合管理库存（Jointly Managed Inventory，JMI）应运而生。它更强调风险分担、计划协同、共同管理，由供需双方根据协议共享信息并且共同监督需求和供应流程，体现了供应链企业之间互惠互利和合作共赢的关系。简单来说，JMI 是对 VOI 和 VMI 的优化。JMI 与 CPFR 的基本思想具有很多的相似之处，但并不具有 CPFR 企业间共同决策、高度协同的功能。JMI 是一种风险分担的库存控制策略。

JMI 是消除供应链系统中由各节点企业相互独立的库存运作模式导致的需求变异放大现象，提高供应链同步化程度的一种有效策略。JMI 和 VMI 不同，它强调双方同时参与，共同制定库存计划，使供应链过程中的每个库存管理者（供应商、制造商、分销商）都从相互之间的协调性考虑，保持供应链相邻两个节点之间的库存管理者对需求的预期一致，从而消除需求变异放大现象。

（二）联合管理库存的优点

和传统的库存管理模式相比，JMI 有以下几个方面的优点。

① 为实现供应链的同步化运作提供了条件和保证。

② 减少了供应链中的需求扭曲现象，降低了库存的不确定性，提高了供应链的稳定性。

③ 库存作为供需双方信息交流和协调的纽带，可以暴露供应链管理中存在的缺陷，为改进供应链管理水平提供依据。

④ 为实现"零库存"管理、准时制采购以及精益供应链管理创造了条件。

⑤ 进一步体现了供应链管理的资源共享和风险分担的原则。

（三）联合管理库存的实施策略

① 建立供应链协调管理机制。为了发挥 JMI 的作用，供需双方应从合作的精神出发，建立供需协调管理的机制，通过相互的协调作用，明确各自的目标和责任，建立合作沟通的渠道，为供应链的联合库存管理提供有效的机制，确定供应商与分销商协调管理机制模型。

② 建立快速响应系统。快速响应系统是 20 世纪 80 年代末由美国服装行业发展起来的一种供应链管理策略，目的在于减少供应链中从原材料到产品的过程时间和库存，

最大限度地提高供应链的运作效率。

③ 建立信息沟通渠道。将现行的条形码技术、扫描技术、POS 系统、电子数据交换（EDI）技术，以及将来广泛应用的 RFID 技术集成起来，充分利用互联网优势，在供应链中建立畅通的信息沟通渠道。

④ 发挥第三方物流的作用。JMI 可借助第三方物流来实施。把库存管理的部分功能代理给第三方物流公司，企业可集中于自己的核心业务。面向协调中心的第三方物流系统使供应链各方都取消了各自独立的库存，增加了供应链的敏捷性和协调性，提高了供应链的运作效率。

四、多级库存优化与控制

供应链管理的目的是使整个供应链各个阶段的库存最小，但是现行的企业库存管理模式往往从单一企业的角度或供需双方局部的角度来考虑库存问题，因而并不能使供应链整体达到最优。

不管是 VOI 或 VMI，还是基于协调中心的 JMI，都只是在一定程度上对供应链的局部优化与控制，而要进行供应链的全局性优化与控制，则必须采用多级库存优化与控制方法。多级库存优化与控制是在单级库存控制的基础上形成的，目标是供应链资源的全局性优化。

（一）多级库存优化与控制的概念

多级库存优化与控制是一种对供应链资源全局优化的库存管理模式，一般包括供应、生产、分销三个层次。

多级库存优化与控制主要有两种库存控制策略。

① 分布式（非中心化）策略。这种策略把供应链库存控制分为三个成本中心，即制造商成本中心、分销商成本中心和零售商成本中心，各自根据其库存成本制定优化控制的策略。

非中心化策略下，各个库存点独立地采取各自的库存策略，在管理上比较简单，但是并不能保证产生整体的供应链优化，如果信息的共享度低，多数情况产生的是次优的结果。因此非中心化策略需要更多信息共享。

② 集中式策略。这种策略将控制中心放在核心企业上，由核心企业对供应链系统的库存进行控制，协调上游企业和下游企业的库存活动。围绕大规模生产组装型企业建立多级库存优化系统的方法，就是采用集中式策略将核心企业作为供应链上库存管理的数据中心，担负数据集成和协调功能。

采用集中式策略，所有库存点的控制参数是同时决定的，该策略考虑了各个库存点的相互关系，通过协调的办法获得库存的优化。但是集中式策略在管理上协调的难度大，特别是供应链的层次比较多，即供应链的长度增加时，会增加协调控制的难度。

（二）实施多级库存优化与控制的首要任务

实施多级库存优化与控制的首要任务是明确控制目标，使供应链库存成本最小，即在存储成本、订货成本、缺货成本、丢单损失成本、运输成本之和达到最小的基础上，协调供应链上各节点的库存。在激烈的市场竞争环境下，供应链库存管理更强调敏捷制造和基于时间的竞争。但是，无论是基于成本的控制还是基于时间的控制，都要体现集成的、多级库存控制的思想，即在供应链环境下，各节点企业的库存应等于某一库存节点现有库存加上转移到或正在转移给后续节点的库存。这样检查库存状态则不但要检查本库存节点的库存数据，而且要检查下游需求方的库存数据，因此可以避免信息扭曲现象。

（三）实施多级库存优化与控制应考虑的方面

1．库存优化的目标

传统的库存优化无一例外地进行库存成本优化，在强调敏捷制造、基于时间的竞争的条件下，这种成本优化策略是否适宜不得而知。供应链管理的两个基本策略——有效客户反应和快速反应，都集中体现了对客户响应能力的基本要求，因此在实施供应链库存优化时要明确库存优化的目标是什么（是成本还是时间）。成本是库存优化中必须考虑的因素，但是，在现代市场竞争的环境下，仅优化成本这样一个参数显然是不够的，应该把时间（库存周转时间）的优化也作为库存优化的主要目标。

2．库存优化的边界

供应链库存管理的边界即供应链的范围。在库存优化中，一定要明确所优化的库存范围是什么。供应链的结构有各种各样的形式，有全局的供应链，包括供应商、制造商、分销商和零售商各个部门；有局部的供应链，其中又分为上游供应链和下游供应链。在传统的所谓多级库存优化模型中，绝大多数库存优化模型优化的是下游供应链，即关于制造商（产品供应商）-分销中心（批发商）-零售商的三级库存优化，很少有关于零部件供应商-制造商的库存优化模型，在上游供应链中，主要考虑的问题是供应商的选择问题。

3．多级库存优化的效率

理论上讲，如果所有的相关信息都是可获得的，并把所有的管理策略都考虑到目标函数中，集中式的多级库存优化策略要比基于单级库存优化的策略（非中心化策略）好。但是，现实情况未必如此，当把组织与管理问题考虑进去时，现实的情况是，管理控制幅度的权力常常是下放给各个供应链的部门独立进行的，因此多级库存优化策略的好处也许会被组织与管理的考虑所抵消。因此简单的多级库存优化策略并不能真正产生优化的效果，需要对供应链的组织、管理进行优化，否则，多级库存优化策略效率是低下的。

4．采用的库存控制策略

在单库存点的控制策略中，一般采用的是周期性检查与连续性检查策略。在周期性检查策略中主要有定量订货策略（nQ，S，R）、定量定期订货策略（S，R）、定期-最大最小订货策略（S，S，R）等策略，连续性检查策略主要有连续检查的定量补货策略（S，Q）和连续检查的最大最小订货策略（S，S）。这些库存控制策略对多级库存控制仍然适用。但是，到目前为止，关于多级库存控制，都是基于无限能力的假设的单一产品的多级库存，对有限能力的多产品的库存控制是供应链多级库存控制的难点和有待解决的问题。

任务五　库存分类方法

一、ABC 分析法

（一）ABC 分析法的起源

ABC 分析法起源于意大利社会学家帕累托对英国人口和收入问题的研究。帕累托认为在对事物进行管理时应该分清决定事物的主次因素，找出对事物起决定性作用的但是却占影响因素数目的比例较小的关键因素，再找出占多数的但对事物影响较小的次要因素，通过对这两种因素的有效管理便可找到解决问题的方法。

随着这种研究方法的改进，美国通用电气公司董事长迪基认为上述原理也适用于存储管理。1951 年，管理学家戴克将帕累托法则应用于库存管理，并将其正式命名为 ABC 分析法。

1951—1956 年，朱兰创建了排列图，他将 ABC 分析法引入质量管理，将帕累托法则应用于质量问题的分析。

1963 年，德鲁克将 ABC 分析法推广到全部社会现象，使 ABC 分析法成为企业为提高效益普遍应用的管理方法。

如今人们将 ABC 分析法定义为：一种对进出库频繁的商品重点管理的有效方法，一种基于商品整理、检品等活动的商品管理与分析方法。所以，ABC 分析法可以应用于商品库存成本分析与核算的平台上，对畅销与滞销商品的进出库和库存管理进行研究与计算。ABC 分析法是仓储管理中常用的方法，可用来研究在一定时期中每种商品的发货量。

（二）ABC 分析法的特点与原理

ABC 分析法的特点是当管理人员要决定一件事时，他要在这件事的众多影响因素中分清主次，"主"是识别出少数的但对事件起决定作用的关键因素，"次"是种类繁多的但对事件影响极小的次要因素。

ABC 分析法的基本原理是对事物运用数理统计的方法，根据事物属性或者该事物所占权重，将这些事物划分为 A、B、C 三类，然后对 A、B、C 三类事物分别给予重点、一般、次要不同级别的管理。一般，在把 ABC 分析法应用到库存管理中时，ABC 分类管理就是将库存物资按品种和占用资金的多少分为重要的（A 类）、一般重要的（B 类）和不重要的（C 类）三个等级，针对不同等级分别进行管理和控制。其具体分类方法为：A 类物资的品种少，占用的资金多；B 类物资的品种比 A 类物资多一些，占用的资金比 A 类物资少一点；C 类物资的品种多，占用的资金少。ABC 库存分类和 ABC 分析图分别如表 5-3 和图 5-5 所示。

表 5-3　ABC 库存分类

类别	品种数量占比	资金占用率
A	5%～15%	60%～80%
B	20%～30%	20%～30%
C	60%～80%	5%～15%

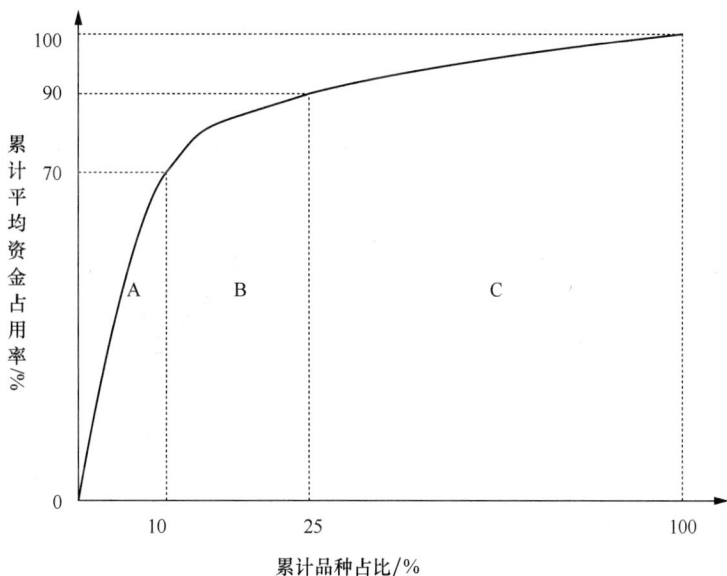

图 5-5　ABC 分析图

ABC 分析法的关键是通过分析少数却占用资金较多的事物，认识到事物的本质与规律，最终实现盈利。

（三）ABC 分析法在库存管理中的应用步骤

1．制定符合企业实际情况的库存管理目标

企业管理者应该制定出一个符合自己企业的库存管理目标，主要涉及以下两类：

①库存控制具体目标，包括库存资金目标、保证企业正常生产的最低存货量目标、库存最低成本目标等；②库存管理过程中可能取得的成效的目标，包括压缩库存总量的比例、减小积压库存资金占已积压的资金的比例、精简库存管理人员、库存结构合理化等。

2．预测企业在制定库存控制计划时的约束因素

在制定企业库存控制计划时，首先要对可能面临的问题和环境进行合理预测。按照一般的企业经验，制定库存控制计划的约束因素可从以下三个方面预测。

① 市场需求的不确定性。市场需求的波动性和不确定性是影响库存控制计划的关键因素之一。需求信息在传递的过程中可能会被逐级放大，导致牛鞭效应，进而影响库存管理。因此，在制定库存控制计划时，需要对市场需求进行准确预测，并考虑到需求的波动性。

② 外部条件的不确定性。外部条件的不确定性，如自然灾害等突发性事件导致的订货周期不稳定等问题，可能使企业的库存管理失控。

③ 成交商品的价格变动因素。成交商品的价格变动因素是导致库存控制系统不稳定的重要原因之一。

3．收集数据与选择处理方法

企业应该根据自己的需求确定企业特有的分析内容与对象，收集所需的数据。例如，当企业要分析库存商品成本时，应该收集影响商品成本因素等方面的数据。当收集完数据后，企业需要选择适当的数据处理方法对收集到的数据进行整理，按照该方法的相关要求进行计算和汇总。

4．制定 ABC 分析表

ABC 分析表一般由 9 列构成（企业可以按照自己的需要对列数进行删减），如表 5-4 所示。

表 5-4　ABC 分析表

商品数目累计	商品名称	品目累计比例	商品单价	平均库存量	平均资金占用额	平均资金占用额累计	平均资金占用额累计比例	分类
1								
2								
……								

在 ABC 分析表中填入数据时，需要根据上一步中收集的数据从左向右依次填写对应的表格数据。

5．根据 ABC 分析表分类

根据 ABC 分析表第三列的品目累计比例和第八列的平均资金占用额累计比例，并按照表 5-4 对商品进行分类。将分好类的商品级别填入 ABC 分析表的第九列。

6．绘制 ABC 分析图

以品目累计比例为横轴，以平均资金占用额累计比例为纵轴，将 ABC 分析表中的第三列和第八列的数据在坐标图中绘出，最后用平滑的曲线连接各点，绘制出 ABC 分析图。然后根据 ABC 分析表中的数据和 ABC 分析法，在图中标出 A、B、C 三类商品的范围。

7．确定重点管理对象

根据以上分析结果，可以明确企业库存管理的侧重点，对三类商品进行有区别的管理，分别制定管理目标。

A 类商品的管理目标：企业必须对 A 类商品定时进行盘点，详细记录及经常检查商品使用、存量增减、品质维持等信息，加强进货、发货、运送管理，在满足企业内部需要和客户需要的前提下维持尽可能低的经常库存量和安全库存量，加快库存周转。

B 类商品的管理目标：由于 B 类商品的状况处于 A 类商品和 C 类商品之间，因此对 B 类商品的管理强度介于 A 类商品和 C 类商品之间，对 B 类商品进行正常的例行管理和控制即可。

C 类商品的管理目标：C 类商品数量最大，但对企业的重要性最低，因而被视为不重要的商品，对于这类商品一般进行简单的管理和控制，如保持大量库存、减少相关人员和设施、检查时间间隔长等。

ABC 管理侧重点如表 5-5 所示。

表 5-5　ABC 管理侧重点

类别	价值	管理重点	订货量	检查方式	记录	统计方法	保险储备量
A	高	① 准确的需求预测和详细的采购方案 ② 严格的库存控制 ③ 严格的物流控制和后勤保障 ④ 对突发事件的准备 ⑤ 供应商的合作	少	经常检查和盘存	精确	详细统计	小
B	中	① 供应商的选择 ② 建立采购优势 ③ 目标价格管理 ④ 订购批量优化 ⑤ 最小库存 ⑥ 供应商的竞争与合作	较多	一般检查和盘存	正常记录	按大类统计	较大
C	低	① 商品标准化 ② 订购批量优化 ③ 库存优化 ④ 业务效率优化 ⑤ 供应商的竞争与合作	多	年度或季度检查和盘存	简单记录	按金额统计	允许较大

（四）ABC 分析法小结

1．ABC 分析法在其他领域的应用

在质量管理领域，ABC 分析法被当作一种识别和分析影响产品质量关键因素的工具。该方法首先要求列举所有可能影响产品质量的因素，包括外购件的质量、设备的运行状况、工艺设计、生产计划的变更、工人的技术水平，以及工人对操作规程的执行情况等。然后，通过图表分析，将这些因素按照不合格产品数量的多少进行排序，横轴表示影响产品质量的各个因素，纵轴表示这些因素导致的不合格产品占总数的累计百分比。这种排序有助于将影响产品质量的因素清晰地划分为 A 类、B 类和 C 类。例如，若分析结果表明外购件的质量和设备的维修状况是主要影响因素，即 A 类因素，企业应采取针对性措施，严格控制外购件的采购流程，确保其质量符合标准，并加强对设备的维护和保养，以减少因设备故障导致的质量问题。通过有效解决这两个 A 类因素，企业可以显著降低不合格产品的比例，从而提升产品质量。

ABC 分析法还可以应用在营销管理中。例如，企业在对某一产品的客户进行分析和管理时，可以根据客户的购买数量将客户分成 A 类客户、B 类客户和 C 类客户。由于 A 类客户数量较少，购买量却占公司产品销售量的 80%，因此企业一般会为 A 类客户建立专门的档案，指派专门的销售人员负责对 A 类客户的销售业务，提供销售折扣，定期派人走访，采用直接销售方式；而对数量众多，但购买量很小，分布分散的 C 类客户，则可以采取利用中间商的间接销售方式。

ABC 分析法可以用在库存商品的物动量分类中。物动量 ABC 分类为商品上架存储的安排提供理论基础。物动量 ABC 分类步骤如下。

① 统计每种商品的周转量。

② 计算商品的累计周转量百分比。

③ 按商品的物动量进行分类。

纵轴表示库存商品的物动量累计比例，横轴表示库存商品品目累计比例，根据物动量划分 A 类、B 类、C 类，确定商品储存位置。

需要说明的是，应用 ABC 分析法，一般是将分析对象分成 A、B、C 三类，但也可以根据分析对象重要性分布的特性和对象的数量分成两类、三类或以上。

2．ABC 分析法在库存管理上存在的不足与改进措施

（1）不足之处

有时企业对库存商品进行 ABC 分类的标准过于单一，一般按库存商品占用资金的比例进行分类，对采购难易度、采购提前期、供方垄断、生产依赖性等因素并没有进行充分的考虑，所以 ABC 分析法具有一定的片面性。

（2）改进措施

企业可根据自己的需要来扩展 ABC 分析法。例如，企业可以结合采购难易度、采购提前期、供方垄断、生产依赖性等因素，利用专业的计算机应用软件对库存商品进行自动分析。

3. 应用 ABC 分析法时应该注意的问题

① 在实施 ABC 分析法时，企业应从实际出发，根据企业的生产及经营特点对 ABC 分析法进行灵活的应用，分类情况要视具体情况而定。

② 在库存管理中应用 ABC 分析法的核心就是对重点商品进行重点管理。

③ 在库存管理中应用 ABC 分析法的重点不仅在于商品本身的重要程度，还在于资金占用程度。

④ 虽然 A 类商品占用的资金量最大，但它为企业贡献的利润并不一定是最大的，因此在必要的时候，也可以根据不同库存商品对企业利润贡献大小进行 ABC 分析，同时制定相应的管理策略。

综上所述，虽然 ABC 分析法存在着一定的局限和不足，但仍不失为库存管理中一种非常实用的方法。

二、关键因素分析法

（一）关键因素分析法的含义

在库存管理工作中，ABC 分析法并不总是令人满意，因为 C 类商品往往得不到应有的重视。一家汽车制造厂商会把螺丝列入 C 类商品，但缺少一个螺丝往往会导致整个生产链的停工。

因此有些企业采用关键因素分析法解决上述问题。

关键因素分析法是指在商品管理中引入关键因素，把商品按照关键性分为 3～5 类，并分别加以管理的方法。

（二）关键因素分析法的核心思想与实施步骤

关键因素分析法是一种以客户价值为导向的库存管理方法，其核心思想是通过评估物料对客户价值的贡献程度，将库存分类为不同的优先级，进而优化资源配置与库存策略。关键因素分析法特别关注关键物料，这些物料对业务连续性和客户需求的满足至关重要。通过这一方法，企业可以有效提升库存管理效率，降低成本，同时确保核心物料的供应稳定，最终实现客户价值与运营绩效的双重提升。

实施关键因素分析法的步骤包括以下几个方面：第一，定义关键价值指标，例如销售额、利润率或生产重要性，用以衡量物料对客户价值的贡献；第二，收集并分析库存数据，将物料按照贡献程度分为高、中、低三个等级；第三，基于分类结果制定差异化的库存策略，对高价值物料采取优先保障的策略，对中等价值物料采用平衡成本与服务的方案，对低价值物料则尽量减少库存或按需生产。这种精细化管理能够帮助企业聚焦关键资源，优化库存结构。

（三）ABC 分析法与关键因素分析法结合使用

关键因素分析法比 ABC 分析法有更强的目的性，在使用中，人们往往倾向于把商品分为高的优先级，以显示这类商品的重要性。不过，高优先级的商品太多，最终会导致每种商品都没有得到应有的重视，甚至使库存管理缺乏主次。

因此，关键因素分析法的使用必须建立在企业对商品进行详细分类管理的基础上。在实际应用中，将 ABC 分析法与关键因素分析法结合使用，可以达到分清主次、抓住关键环节的目的，可提高企业库存管理水平。

三、XYZ 分类法

（一）XYZ 分类法概述

XYZ 分类法是一种基于商品需求预测的方法，通过对商品的消耗率和变动率进行分析，将商品分为 X、Y、Z 三类。反映商品消耗波动情况的指标是变异系数（Coefficient of Variation，CV），又称标准差率或离散系数；CV=标准差/平均值。

变异系数量化了商品在单位时间内的消耗波动。

X 类商品：CV≤0.4，消耗波动比较小，需求的规则模式很容易预测的商品。

Y 类商品：0.4＜CV≤0.8，消耗中等变化，既不是常规需求也不是非常规需求的商品。

Z 类商品：CV＞0.8，消耗高度变化，不规则、零星或很难预测需求的商品。

（二）XYZ 分类步骤

① 确定要分类的商品。

② 计算每个商品的变异系数。

③ 将变异系数按升序排列。

④ 绘图并按 XYZ 原则分类。

在实践中，进行 XYZ 分类通常会基于历史销售数据，而这些数据可以从企业的销售记录或者库存管理系统得到。

（三）ABC-XYZ分析

为了解决问题，需要将 ABC 分析法与 XYZ 分类法结合使用，ABC-XYZ 分析的模型是由九个类别组成的矩阵。纵轴表示 A、B、C 产品，横轴表示 X、Y、Z 产品。每个产品将按照 ABC 和 XYZ 的组合被标识。ABC-XYZ 矩阵如图 5-6 所示。

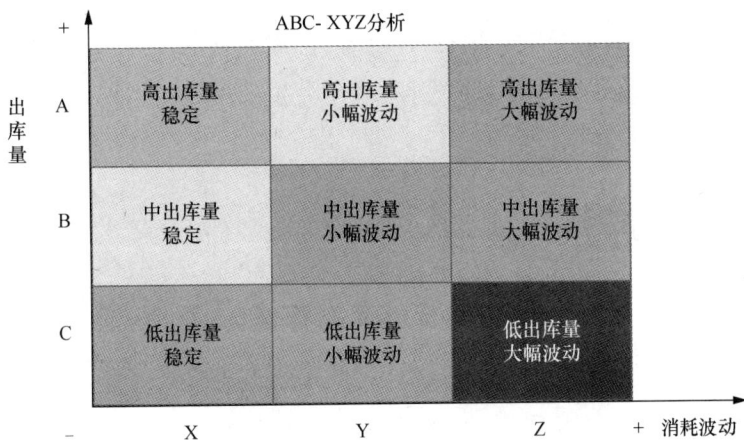

图 5-6　ABC-XYZ 矩阵

AX：需要定期监控核对，不需要大量库存，需要提升周转率来降低管理成本，避免资金积压，可以设置定期补货。

AY：需要重点监控核对，设定安全库存，以经济订货批量采购。

AZ：需要重点监控核对，如果企业有意满足客户需求，需要有一定的库存储存量，如不需要满足客户需求，那就等客户下单后，再采购。

BX：需要定期监控核对，不需要大量库存，但需要提升周转率来降低管理成本，避免资金积压，可以设置定期补货。

BY：需要定期检查，设定安全库存，以经济订货批量采购。

BZ：需要定期检查评估物料的重要性，以决定其管理优先级。建议尽量减少库存持有，采用按需生产或订单式采购的方式来满足需求。

CX：需要大批量采购满足客户需求，需要随机抽查库存，以经济订货批量采购。

CY：需要采取简化的管理策略，通过定期审查库存水平并适时调整补货计划来应对波动。同时适度增加安全库存，以避免因物料短缺影响整体业务运行。

CZ：库存存在高风险，商品有呆滞的可能性，需要尽快处理掉。

此外库存分类方法还包括 FSN 分类法（基于商品移动速度的库存分类方法）、VED 分类法（基于商品重要性的库存分类方法）、HML 分类法（基于商品货值和利润贡献的库存分类方法）等。

【同步测试】

简答题

1. 简单阐述库存在企业运营中的重要性。

2. 如何看待供应链整合下的库存问题？

3. 举例说明 VOI、VMI、JMI 三种库存控制策略的不同之处。

4. 简述 ABC 分析法以及其在库存控制中的应用。

5. 什么是关键因素分析法？其如何与 ABC 分析法结合应用？

6. 简述 ABC-XYZ 分析。

【同步实训】

智慧仓储库存管理

随着科技的发展，智慧仓储成为现代物流管理的重要组成部分。一家快速发展的电子商务公司，主营电子产品和日用品，面临库存管理效率低下和库存成本过高的问题。公司希望通过智能化升级，优化库存控制和分类管理。

实训目标

1. 掌握智慧仓储库存管理的基本概念和方法。

2. 学习如何应用智慧仓储技术进行库存控制与优化。

3. 培养对库存进行科学分类和管理的能力。

实训要求

1. 学生自由组成小组，每组 5 人。

2. 熟悉电子商务公司的业务流程和产品特性。

3. 掌握智慧仓储系统中的库存控制和分类管理工具。

4. 设计一套符合公司需求的智慧仓储库存控制与分类管理方案。

实训步骤

1. 业务分析：分析电子商务公司的业务模式、产品特性、销售数据和现有库存管理问题。

2. 技术调研：调研智慧仓储系统中的自动化设备、物联网技术、数据分析工具等。

3. 需求确定：基于业务分析结果，确定智慧仓储系统的需求，包括库存控制、分类管理、自动化补货等。

4. 方案设计：设计智慧仓储库存控制与分类管理方案，包括技术选型、流程设计、成本预算等。

5. 风险评估：评估方案实施过程中可能遇到的风险，如技术故障、数据安全等，并制定应对措施。

6. 方案实施：制定详细的实施计划，包括时间表、责任分配、资源配置等。

7. 效果评估：实施后，收集数据，评估方案实施效果，包括库存周转率、缺货率、库存准确率等指标。

实训提示

1. 考虑如何利用数据分析预测库存需求，实现智能补货。

2. 思考如何通过智慧仓储技术提高库存分类的准确性和管理效率。

3. 探索如何通过系统集成，实现库存管理的自动化和智能化。

特殊物品保管与仓储消防管理

学习目标

知识目标

掌握危险品、冷藏品和冷冻品、粮食等不同类型特殊物品的特性以及保管要求和注意事项。

掌握仓储消防基本知识以及消防器材的使用方法。

技能目标

能根据特殊物品的特性，正确采取相应保管措施，提升仓储管理效果。

能运用所学知识进行仓储消防安全检查和评估，及时发现和消除火灾隐患，提升仓库安全管理水平。

素质目标

培养学生树立高度的安全责任意识，增强规范化操作能力。

知识架构

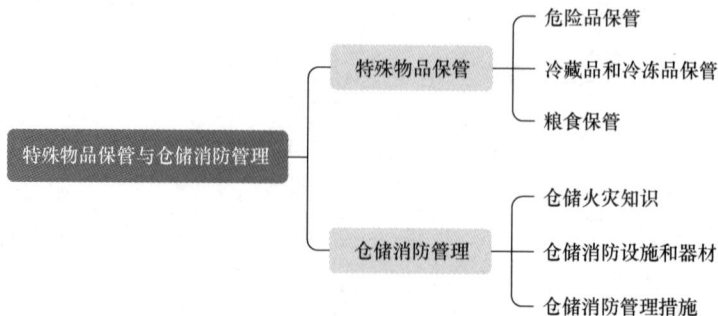

【案例导入】

天津港"8·12"特别重大火灾爆炸事故

2015年8月12日22时51分46秒，位于天津市滨海新区天津港的瑞海公司危险品仓库发生火灾爆炸事故，本次事故爆炸总能量约为450吨TNT当量。事故造成165人遇难、8人失踪、798人受伤，304幢建筑物、12 428辆商品汽车、7 533个集装箱受损，造成直接经济损失68.66亿元人民币。

调查组查明，最终认定事故直接原因是：瑞海公司危险品仓库运抵区南侧集装箱内的硝化棉由于湿润剂散失出现局部干燥，在高温（天气）等因素的作用下加速分解放热，积热自燃，引起相邻集装箱内的硝化棉和其他危险化学品长时间大面积燃烧，导致堆放于运抵区的硝酸铵等危险化学品发生爆炸。经调查组认定，天津港"8·12"火灾爆炸事故是一起特别重大生产安全责任事故。

请思考：

1. 诱发仓库火灾的原因有哪些？

2. 哪些属于特殊物品？如何做好特殊物品的仓库安全管理？

任务一 特殊物品保管

特殊物品是指在仓储管理中需要特别关注和处理的物品，如危险品、冷藏品和冷冻品、粮食等。它们通常具有特殊的性质或潜在的危险，需要采取特殊的保管措施。

一、危险品保管

危险品又称危险化学品，是指因本身具有易燃、爆炸、毒害、腐蚀、放射性等特性，在装运和储存过程中容易因摩擦、震动、撞击、暴晒、高温、干燥等外界因素的影响造成人身伤亡和财产损失，需要特别防护的物品。

（一）危险品的分类及特性

危险品的特征就是危害性，但各种危险品的危害具有不同的表现，根据危险品所呈现的主要危险性，危险品可以分为以下类别。

1. 爆炸品

爆炸品是指化学性质活泼，在外界作用下（如受热、受压、受撞击、摩擦）能发生剧烈化学反应，并瞬间产生大量的气体和热量，使周围压力急剧上升，从而发生爆炸的物品，常见的爆炸品有苦味酸（$C_6H_3N_3O_7$）、叠氮化钠（NaN_3）、硝化甘油（$C_3H_5N_3O_9$）等。

爆炸品具有以下三种特性。

① 爆炸性：能快速发生猛烈的氧化还原反应，形成冲击波。

② 吸水性：能够吸附较多的水分，爆炸能力随着水分的增多而减弱。

③ 条件性：在必要的外界条件下才能发生爆炸，如热作用、电作用、机械作用、金属作用、强酸作用等。

2．压缩气体和液化气体

压缩气体是指在一定温度下加压后充装在钢瓶里的气体。液化气体是指压缩并液化后储存在压力容器中的气体。常见的液化气体有液氨、液氯、液化天然气等。压缩气体和液化气体具有毒性、易燃性、助燃性、爆破性等特性。

3．易燃液体

易燃液体是指在常温下容易燃烧的液态物质，如酒精、香蕉水、汽油、煤油等。易燃液体具有易燃性、挥发性、流动扩散性、爆炸性、易与氧化性强酸或氧化剂发生作用等特性。此外，多数易燃液体具有毒性。

4．易燃固体、易自燃物质、遇水放出易燃气体的物质

易燃固体是指常温下以固态形式存在，遇到明火或受热、受撞击、接触氧化剂或强酸后易发生剧烈的氧化反应，并迅速发生猛烈燃烧的物质，如含红磷的火柴、农药等。其特性是燃点低、易燃烧。

易自燃物质是指在一定条件下无须接触明火就能自身燃烧的物质，如白磷、铝粉等。其特性是燃点低、燃烧需要条件（如温度、湿度和助燃物等）。

遇水放出易燃气体的物质是指遇雨水或潮湿空气能分解产生可燃气体，同时放出大量热量而引起燃烧或爆炸的物质，如碳化钙。其特性是遇湿能发生化学反应。

5．氧化性物质和有机过氧化物

氧化性物质是指本身不一定可燃，但容易分解并释放出氧气和热量，导致其他可燃物燃烧或爆炸的物质。其具有强氧化性，对热、震动和摩擦较为敏感。有些氧化性物质与酸、有机物接触后可引起燃烧或爆炸，如高锰酸盐等。

有机过氧化物是指分子结构中含有过氧键的有机物。其极易分解，易燃易爆，对热、潮气、震动和摩擦极为敏感，如过氧化氢等。

6．有毒物质和感染性物质

有毒物质是指能够与有机体的体液或组织发生作用，扰乱或破坏正常的生理机能，造成肌体病态，甚至死亡的物质，如有机农药、有机磷、有机氯等。其具有毒性、挥发性、燃烧性和溶解性等特性。

感染性物质是指含有能够使人或动物患感染性疾病的微生物的物质。

7．放射性物质

放射性物质是指能自发不断地放射出具有穿透力、能够杀伤细菌、破坏人体组织、引起伤残甚至死亡的射线的物质，如镭、铀等。放射性物质对人类健康有害，但不易被人体的感官察觉到。

8．腐蚀性物质

腐蚀性物质是指能够灼伤肌体组织、损坏金属的物质，如酸性腐蚀物品（氢氟酸）、碱性腐蚀物品（氢氧化钾、硫化钾）等。其具有腐蚀性、易燃性、氧化性、遇水分解性等特性。

9．杂项危险物质和物品

杂项危险物质和物品是指不属于前述各类中任何一类的危险物质和物品，如在等于或高于 100℃ 的条件下运输或交付运输的液态物质、在等于或高于 240℃ 的条件下运输或交付运输的固态物质、对环境有污染的物质及其混合物、磁性物质等。

（二）危险品的管理制度与法规

国家对危险品实行严格的管理，实行相应管理部门审批、发证、监督检查的系列管理制度。危险品的管理制度包括商务管理部门的经营审批；公安部门的通行证发证；质检部门的包装检验发证；环境保护部门的监督管理；交通运输部门的运输管理；卫生行政部门的卫生监督；工商管理部门的经营管理等。对于政府部门依法实施的监督检查，危险品单位不得拒绝、阻挠。

同时，对危险品进行仓储管理的企业或单位还必须严格遵守相关法律法规。涉及危险品仓储管理的法律法规主要有《危险化学品安全管理条例》、《危险货物品名表》（GB 12268—2012）、《危险货物分类和品名编号》（GB 6944—2012）、《危险化学品仓库储存通则》（GB 15603—2022）、《民用爆炸物品安全管理条例》、《建筑防火通用规范》（GB 55037—2022），以及环境保护法、消防法和有关安全生产的其他法律和行政法规。

（三）危险品的保管要点

1．危险品仓库的选址与布局

危险品仓库是储存和保管危险品的场所。危险品仓库的选址应符合政府的总体规划，一般应远离居民区、供水地、主要交通干线、农田、河流和湖泊等地，并处于常年主风向的下风位。一般情况下，大、中型甲类危险品库和大型乙类危险品库与附近居民区、公共设施的间距应大于 150 米，与企业、铁路干线的间距应大于 100 米，与公路的间距应大于 50 米。

危险品库的库区布局则应严格按照《建筑设计防火规范》的要求进行。

2．危险品的包装

包装是危险品安全的保障，它能够保护危险品不受损害和外界的直接影响，保持危险品的使用价值，防止危险品受到损害或者对外界造成损害；形状规则的包装方便作业和便于堆放储存；固定标准的包装可确保有限数量危险品在运输过程中的安全性。危险品的包装一般应满足以下要求：

① 材质和种类应与所装危险品的性质相适应；

② 具有一定的强度，能经受一定的压力和一定范围内的温、湿度变化；

③ 内、外包装之间有适当的衬垫、封口能确保所装危险品不泄漏；

④ 每个包装上都需要有明确、完整的标志，包括危险品的品名、等级图示、储运图示标志等。

3．危险品的储存

（1）危险品的储存方式

企业储存危险品时，应分清各种危险品之间的禁配关系，将互为禁忌物（即化学性质相抵触或灭火方法不同的化学物料）的危险品隔离储存、隔开储存或分离储存。

① 隔离储存：在同一建筑或同一区域内，将不同的危险品分开一定距离、非禁忌物的危险品用通道分开的储存方式。

② 隔开储存：在同一建筑或同一区域内，将危险品与其禁忌物用隔板或墙分开的储存方式。

③ 分离储存：将危险品储存在不同的建筑内或远离所有建筑的外部区域的储存方式。

（2）危险品的储存要求

仓库管理人员要根据国家标准、危险特性、包装和所制定的管理制度，合理选择危险品的存放位置；根据危险品的保管要求，妥善安排相应的具备通风、遮阳、防水、控湿、控温条件的仓库或堆场货位；根据危险品的性质和包装确定合适的堆放垛型和货垛大小，其中桶装危险品不得超过三个桶高，袋装危险品不得超过 4 米。库场内的危险品之间以及和其他设备之间需保持必要的间距，其中：货垛顶距离灯具不小于 1.5 米；货距墙不小于 0.5 米；危险品之间距离不小于 1 米；消防器材、配电箱周围 1.5 米范围内禁止堆货或放置其他货物；仓库内消防通道不小于 4 米，货场内的消防主通道宽度不小于 6 米。

危险品堆叠时要整齐、堆垛稳固，标志朝外，不得倒置。货垛显著位置应悬挂标有危险品编号、品名、性质、类别、级别、消防方法的标志牌。

4．危险品的出入库管理

危险品出入库时，仓库应注意以下事项。

① 危险品入库时，仓库必须严格按照合同约定验收危险品，验收项目具体包括品

名、数量、包装、危险标志等。

② 仓库作业人员装卸、搬运危险品时，应严格按照有关规定进行，做到轻装、轻卸，严禁摔、碰、撞、击、拖、倾倒或滚动等；装卸、搬运有毒害及腐蚀性危险品时，作业人员应穿戴相应的防护用品。

③ 仓库作业人员修补、换装、清扫、装卸易燃易爆危险品时，应使用不产生火花的铜制、合金制等工具。

④ 危险品出库时，仓库应严格按照危险品分类要求进行装运，并做好出库清点工作，按照"先进先出"的原则组织危险品出库。

5．危险品废弃物的妥善处理

对于危险品废弃物，仓库要采取妥善的处理措施，如随货同行、移交、封存、销毁、中和、掩埋等无害处理措施，不得留有事故隐患。且将处理方案在相应管理部门备案，并接受管理部门的监督。剧毒危险品发生被盗、丢失、误用情况时，应立即向当地公安部门报告。

6．危险品的应急处理

应急处理是指发生危险品事故时的处理安排。企业必须根据库存危险品的特性、仓库的条件，以及法规规定和国家管理机关的要求，制定危险品应急措施。应急措施包括发生危害时的措施安排和人员的应急职责，具体包括危险判定、危险事故信号、汇报程序、现场紧急处理、人员撤离、封锁现场、人员分工等。

仓库工作人员应掌握应急措施，每一位员工应熟练掌握应急措施操作技能。同时，仓库应该定期组织员工开展应急措施演习。

▌二、冷藏品和冷冻品保管

随着现代生活水平的提高和生活节奏的加快，人们对冷冻产品（如肉制品）的需求越来越大。而这些产品从生产出来到送到消费者手中还需要经过较长一段时间。为了保证最终交出产品的质量，必须对这些产品进行必要的冷库保管。

（一）冷库保管的原理

冷库保管是指在低温的条件下储存物品。由于在低温环境中，细菌等微生物大大降低繁殖速度，生物体的新陈代谢速度降低，能够延长有机体的保鲜时间，因而对肉类、水果、蔬菜及其他易腐烂物品采用冷库保管的方式储存。另外，对于在低温时能凝固成固态的液体流质品，由于采取冷库保管的方式有利于运输、作业和销售，所以也采用冷库保管的方式储存。此外，在低温环境中一些混合物的化学反应速度降低，对其也采用冷库保管方式储存。

冷库保管根据控制温度，分为冷藏和冷冻两种方式。冷藏是指将温度控制在 0℃～5℃进行储存，在该温度下水分不冻结，不破坏食品的组织，具有保鲜的作用，但是微生物仍然有一定的繁殖能力，因而保存时间较短。冷冻则是将温度控制在 0℃以下进行储存，使水分冻结。微生物停止繁殖，新陈代谢基本停止，从而实现防腐。冷冻又分为一般冷冻和速冻。一般冷冻采取阶梯式降温的方式降低温度，通常在 4～6 小时内将温度从常温降至-25℃～-18℃温度区间。速冻则是在 30 分钟内将温度降至-50℃～-30℃超低温区间，使水分在短时间内完全冻结，然后逐步恢复到-18℃±2℃温度区间。

（二）冷库的结构和分类

冷库是指可以创造适宜温度和湿度的仓库，用于储存食品、工业原料、生物制品和药品等对温湿度有特殊要求的货物。

1．冷库的结构

冷库主要由冷却间、冻结间、冷藏库房、冷冻库房、分发间组成。

（1）冷却间

冷却间是预冷加工货物的车间，用于对需要进库冷藏或先预冷后冻结（采用二次冻结工艺）的常温货物进行冷却，以避免高温货物吸冷造成冷冻或冷藏库房升温。该车间的加工周期一般为 12～24 小时，货物预冷后的温度一般为 4℃。

（2）冷冻间

冷冻间又称速冻间，是使货物由常温或冷却状态快速降温至-18℃～-15℃的加工冷冻车间，其加工周期一般为 24 小时，主要用于速冻肉类等货物。

（3）冷藏库房

冷藏库房是用于储存冷却货物的库房，其温度一般保持在 0℃左右，且不允许温度有太大幅度的波动，主要用于储存果、蔬、乳等货物。为了满足蔬果类货物的呼吸要求，库房内一般安装了换气装置。

（4）冷冻库房

冷冻库房是用于储存冷冻货物的库房，其储存时间较长，温度一般在-20℃以下，湿度在 95%左右。为了减少含水货物的失水量，库房内有微风循环系统。

（5）分发间

冷库由于低温不便于货物分拣、成组、计量、检验等人工作业，另外为了控制冷冻库房和冷藏库房的温度、湿度，减少冷量耗损，需要尽量缩短开门时间和减少开门次数，以免造成库内温度波动太大，因而货物出库时要迅速地将货物从冷冻库房或冷藏库房移到分发间，在分发间进行作业，从分发间装运。

2．冷库的分类

冷库的种类有很多，通常按照用途、使用库温等标准进行划分。

（1）按用途划分

按用途不同，冷库可以分为生产性冷库、流通性冷库、零售端冷库和综合性冷库。

① 生产性冷库：设在生产企业内部，用于储存半成品或成品的冷库。这类冷库的冷加工能力强，只对半成品或成品做短期储存，一般建在货源地。

② 流通性冷库：用于储存流通过程中的货物的冷库。这类冷库的冷藏容量大、冻结能力弱，适合多种货物的储存，一般建在大中型城市或者交通枢纽和人口众多的地区。

③ 零售端冷库：为了保证零售终端的货物供应，而用于储存零售货物的冷库。这种冷库的库容量小、储存期短、储存货物品种多，主要用于大卖场、连锁店等场所。

④ 综合性冷库：与城市的综合供应体系配套，可提供货物加工、流通和储存等综合性服务的冷库。这类冷库主要适用于在当地生产、当地加工和消费的货物，如冷饮等。

（2）按使用库温划分

按使用库温不同，冷库可以分为高温冷库、中温冷库、低温冷库和冻结冷库。

① 高温冷库：温度一般控制在-5℃～5℃，主要用于果蔬类、蛋类、药材、木材等货物保鲜。

② 中温冷库：温度一般控制在-10℃～-5℃，主要用于冷藏冻结后的食品。

③ 低温冷库：温度一般控制在-20℃～-10℃，主要用于冷藏冻结后的肉类等货物。

④ 冻结冷库：温度一般控制在-25℃以下，主要用于货物冷藏前的快速冻结。

（三）冷库保管要点

1．分组管理

企业要按照货物的类别和保管温度的不同分别使用冷库，以便采取相应的方法管理货物。食品库不得存放其他货物，食品也不能存放在非食品库。不同控制温度的货物不能存放在同一冷库内。

2．减少冷耗

为了减少冷耗，仓库出入库作业应选择在气温较低的时间段进行，如早晨、傍晚、夜间；出入库作业时集中仓库内的作业力量，尽可能缩短作业时间。要使装运车辆离库门距离最近，缩短货物露天搬运距离，防止隔车搬运。若货物出入库时库温升高，应停止作业，封库降温。

3．控制库温

货物入库前要进行预冷，保证货物均匀地降到需要的温度。未经预冷冻结的货物不得直接进入冷冻库房，以免高温货物造成库内温度升高，影响库内其他冻货。同时要定时、经常测试库内温度，严格按照货物保存所需的温度控制仓库内温度，尽可能减小温度波动，防止货物因变质或者解冻变软而倒垛。

4．合理堆码

库内堆码要严格按照仓库规章进行，合理选择货位。将存期长的货物存放在库里端，存期短的货物存放在库门附近，易升温的货物接近冷风口或排管附近。货垛要堆码整齐、稳固、间距合适。货垛不能堵塞或者影响冷风的流动，避免出现冷风短路。货垛与库内的墙、顶、灯、排管、制冷设备应保持一定的距离，以便检查、盘点等作业。

5．安全管理

冷库的作业环境与一般仓库的作业环境差别很大，虽然不会发生爆炸、燃烧等恶性危险事故，但低温、封闭的仓库对人员还是会产生伤害。工作人员在进行冷藏品或冷冻品保管作业时需要注意防止被困库内、冻伤、窒息等事项，同时仓库要加强人员培训，使作业人员了解冷库相关设备的操作要求，避免损害设备的保温、隔热性能。

▌三、粮食保管

粮食是关系国计民生的重要商品和物资，粮食保管是指粮食在离开生产领域后，进入消费领域前，在专用建筑物中利用一定的仓储设施条件，维持粮食安全品质，对粮食进行保管，为其流通提供保障的过程。

（一）粮食的特性

1．呼吸性和自热性

粮食仍然有植物的新陈代谢功能，能够吸收氧气和释放二氧化碳，能产生和散发热量。当大量的粮食堆积时，释放的二氧化碳就会使空气中的氧气含量减少，造成人体窒息；大量堆积的粮食所产生的热量不能散发会使粮堆内部温度升高。另外粮食中含有的微生物也具有呼吸和发热的能力。粮食的自热不能散发，热量大量积聚后，会引起自燃。粮食的呼吸性和自热性与含水量有关，含水量越高，自热能力越强。

2．吸湿性和散湿性

粮食本身含有一定的水分，空气干燥时，水分会向外散发。当外界湿度大时，粮食又会吸收水分，在水分充足时还会发芽，芽胚被破坏的粮食颗粒就会发霉。因吸湿性，粮食在吸收水分后不容易干燥，而储存在干燥环境中的粮食也会因为散湿而形成水分的局部集结而致霉。

3．吸附性

粮食有吸收水分、呼吸的性能，能将外界环境中的气体、液体等吸附在内部，不能去除。粮食会因无法去除异味而损毁。

4．散落流动性

粮食颗粒之间不会粘连，在重力作用下，具有自由松散流动的特性，当倾斜角足够大时就会流动。可以利用粮食的散落流动性选择作业方式。

5．飘浮性

干燥粮食的壳、粮食粉末等在流动和作业时会扬起来，伤害人的呼吸系统。能燃烧的有机质粮食在空气中达到一定浓度时（一般为 $50\sim65g/m^3$），遇火源会发生爆炸。

6．易受虫害

粮食本身是众多昆虫的食物。未经杀虫的粮食中含有昆虫、虫卵，在温度、湿度合适时就会大量繁殖，形成虫害。

（二）粮食的保管要点

1．保持粮仓干净、无污染

粮仓必须清洁干净。企业所建设的粮仓需要达到仓储粮食的清洁卫生条件，尽可能用专用的筒仓。在粮食入库前，应对粮仓进行彻底清洁，清除异物、异味，待仓库内干燥、无异味时，粮食才能入库。对不满足要求的地面，应采用合适的衬垫，如用帆布、胶合板严密铺垫。用兼用仓库储藏粮食时，仓内不能储存非粮食货物。同时还应注意消除作业工具或器材上的异物和异味，以防粮食吸附异味。

2．控制粮仓湿度

粮食具有吸水性，应随时监测仓内湿度，将湿度严格控制在合理范围内。若粮食含水量超标，企业应及时采取通风等措施除水，以防粮食发霉；若粮食含水量低于标准，企业应采取相应措施防止水分继续流失，以防粮食过于干燥。粮仓通风时，要采取措施避免将空气中的水分带入仓内。

3．控制粮仓温度

粮食本身具有自热性，温度、湿度越高，自热能力越强。在气温高、湿度大时需要控制粮仓温度，采取降温措施。每日要测粮食温度，特别是货堆内层温度，及时发现是否有自热升温情况发生。当发现粮食自热升温时，及时降温，采取加大通风、进行货堆内层通风降温、内层释放干冰等措施，必要时进行翻仓、倒垛散热。

飞扬的粮食遇火源还会爆炸燃烧。粮仓对防火工作有较高的要求。在粮食出入库、翻仓作业时，更应避免一切火源出现，特别是要消除作业设备运转的静电，粮食与仓壁、输送带的摩擦静电。加强吸尘措施，清除扬尘。

4．预防霉变

粮食会因为细菌、酵母菌、霉菌等微生物的污染分解而霉变。微生物的生长繁殖需要适宜的温度、湿度和氧气含量，在温度25℃～37℃、湿度75%～90%时生长繁殖最快。

霉菌和大部分细菌需要足够的氧气，酵母菌则是可以进行有氧呼吸、无氧呼吸的兼性厌氧微生物。

要严把入口关，防止已霉变的粮食入库，避开潮湿货位，如通风口、仓库排水口、漏水的窗和门口，远离会淋湿的外墙地面，妥善安排衬垫隔离；加强仓库温度、湿度的控制和管理，保持低温和干燥；经常清洁仓库，特别是潮湿的地角，清除随空气飞扬入库的霉菌；清洁仓库外区域，消除霉菌源。

经常检查粮食和粮仓，若发现霉变，立即清出霉变的粮食，进行除霉、单独存放或另行处理，并有针对性地在仓库采取防止霉变扩大措施。

应充分使用现代防霉技术和设备，如使用过滤空气通风法、紫外线灯照射、施放可食用防霉药物等。用药物时需避免使用对人体有毒害的药物。

5．消除虫、鼠

粮食易受到害虫（如甲虫、米虫、白蚁等）或老鼠的破坏，应采取有效措施预防和消除虫、鼠对粮食的危害。

① 保持良好的仓库状态，及时用水泥等高强度填料堵塞建筑孔洞、裂痕，防止虫鼠在仓内隐藏。保证库房各种开口隔栅完好，保持门窗密封。

② 防止虫鼠随货入仓，对入库粮食进行检查，确定无害时方可入仓。

③ 经常检查，及时发现虫害、鼠迹。

④ 使用无毒药物直接喷洒、熏蒸除杀。

⑤ 使用诱杀灯、高压电灭杀，合理利用高温、低温、缺氧等手段灭杀。

任务二　仓储消防管理

仓库中货物多，是火灾发生风险很大的地方，一旦发生火灾往往损失大、影响广，所以仓库作为重点防火部位，必须严格落实消防安全措施，加强消防安全管理，将火灾的发生概率降到最低。

一、仓储火灾知识

（一）火灾的危害

仓库火灾是仓库的灾难性事故，不仅会造成仓储货物受损，还会损毁仓库设施；燃烧和燃烧产生的有毒气体会直接危及人身安全。仓库储存有大量的物资，且物资存放密集，机械、电气设备大量使用，管理人员偏少，具有发生火灾的系统性缺陷。仓库的消防工作，是仓库安全管理的重中之重，也是长期的、细致的、不能疏忽的工作。

（二）火的三要素

火是燃烧的一种方式，是一种剧烈的氧化反应。燃烧具有放热、发光和生成新物质三个特征。火的发生必须具备三要素：可燃物、助燃物以及着火源。

可燃物：能与空气中的氧或其他氧化剂发生氧化反应的物质，如木材、纸张、布料等。可燃物中有一些物品，遇到明火特别容易燃烧，称为易燃物品，常见的有汽油、酒精、液化石油气等。

助燃物：能帮助和支持可燃物燃烧的物质，即能与可燃物发生氧化反应的物质，如空气、氧气等。

着火源：给可燃物与助燃物发生氧化反应提供能量的来源。除明火外，电火花，摩擦、撞击产生的火花，造成自燃起火的氧化热等物理化学因素都能成为着火源。

这三个要素只有同时存在，相互作用，才能使火发生和发展。着火源是引起火灾的罪魁祸首，是仓库防火管理的核心。

（三）防火与灭火方法

火需可燃物、助燃物、着火源（温度）共同作用才能发生，缺少一个要素都不能形成火灾。防火工作就是使三者分离，不互相发生作用。而灭火的方法也是围绕着这三个要素进行的，将其中一种或两种要素分离。

1．防火方法

（1）控制可燃物

控制可燃物是指通过减少或者不使用可燃物、将可燃物进行难燃处理来防止火灾。如仓库建筑采用不燃材料建设，使用难燃电气材料等；易燃货物使用难燃包装，用难燃材料苫盖可燃物等。此外通风可使可燃气体及时排出，洒水可减少可燃物扬起来的情况。

（2）隔绝助燃物

对于易燃品，可采取封闭、抽真空、充装惰性气体、不燃液体浸泡等方式，或表面涂刷不燃漆、不燃涂料的方式，使易燃物不与空气直接接触，以防止燃烧。

（3）消除着火源

消除着火源是指通过使着火源不在仓库内出现来实现防火的目的。由于仓库不可避免地会储藏可燃物，而隔绝空气的操作需要较高的成本，所以仓库防火的核心就是消除着火源。消除着火源也是灭火的基本方法。

2．灭火方法

（1）冷却法

冷却法是将燃烧物的温度降低到燃点以下，使之不能汽化，从而阻止燃烧。常用的冷却法有用大量冷水、干冰等降温。

（2）窒息法

窒息法是使火附近的氧气含量减少，使燃烧不能继续。窒息法有：封闭窒息法，如将燃烧间密闭；充注不燃气体窒息法，如充注二氧化碳、水蒸气等；不燃物遮盖窒息法，如用黄沙、惰性泡沫、湿棉被等覆盖着火物灭火。

（3）隔绝法

隔绝法是指将可燃物减少、隔离的方法。当发生燃烧时，将未着火的货物搬离，从而避免火势扩大。隔绝法是灭火的基本原则，一方面可减少货物受损，另一方面能控制火势。当发生火灾时，首要的工作就是将火场附近的可燃物搬离或者用难燃材料隔离。

（4）化学抑制法

化学抑制法是通过多种化学物质在燃烧物上的化学反应，产生降温、绝氧等效果，以达到灭火目的。

（5）综合灭火法

火灾的危害性极大，而且当火势凶猛时，很难控制。发生火灾时要及时采取各种能够采用的灭火方式，提高灭火的能力，如封闭库房和库外喷水降温同时进行，搬离附近货物的隔绝法和释放灭火剂同时进行。

在同时使用多种灭火方式时，要注意避免所采用的手段互相干扰，影响灭火效果。如采用泡沫灭火时，不能用水冲，除非需要有大量的水源来代替不足的泡沫；酸性灭火剂不能与碱性灭火剂共同使用；另外还得防止造成人员伤害，如释放惰性气体时，必须先将现场人员撤离。

二、仓储消防设施和器材

（一）仓库建筑的防火规范

仓库必须依据《中华人民共和国消防法》《建筑设计防火规范》来设计和建设，仓库的拟定用途要满足耐火等级、层数和占地面积、库房容积和防火间距等方面的要求。这些在仓库建设后不得改变。

仓库应按照国家有关防雷设计规范的规定，设置防雷装置，并需要定期检查，防止损害，保证有效。防雷装置接地电阻不大于 10 欧姆，接闪器圆钢直径不小于 8 毫米，扁钢、角钢厚度不小于 4 毫米。仓库内必须设置消防通道，消防通道宽度不小于 4 米。

（二）灭火器和灭火剂

1. 灭火器

灭火器是一些轻便的容器，内装灭火剂。发生火灾时，可使用灭火器内的灭火剂扑灭火源。灭火器常布置在仓库的各个出入口附近，是应急灭火的最重要的灭火器材。灭火器根据容器内盛装的灭火剂划分，可分为清水灭火器、泡沫灭火器、氧化灭火器、干粉灭火器、1211灭火器等。有针对性地使用不同的灭火器，才能达到安全灭火的目的。

2．灭火剂

（1）水

水是常用的灭火剂，能起到降温冷却、隔绝空气、冲击火焰的灭火作用。除了电气火灾，油和轻于水且不溶于水的液体、碱金属等引起的火灾外，其他火灾都可以用水扑灭。

（2）泡沫

泡沫分为化学泡沫和空气泡沫。泡沫较轻，可覆盖在可燃物表面，起到阻隔空气的作用，从而使燃烧终止。泡沫主要用于油类火灾，也可以用于普通火灾的灭火。

（3）二氧化碳

采用二氧化碳灭火的灭火器又称为干冰灭火器。它是利用液态的二氧化碳在汽化时大量吸热，造成降温冷却，以及二氧化碳本身的窒息作用灭火。二氧化碳适用于电气设备、气体引起的火灾的扑灭，以及办公地点、封闭仓库的灭火。二氧化碳能及时汽化，不留痕迹，不会损坏未燃烧的物品。但二氧化碳对人体具有窒息作用，在使用时要注意防冻和防窒息。

（4）干粉

干粉指碳酸氢钠粉等干燥、易流动、不燃、不结块的粉末，它主要起覆盖窒息的作用，还能减少燃烧液体的流动。干粉在使用后也容易清洁，不污染燃烧物。

（5）"1211"

"1211"即二氟一氯一溴甲烷，是一种无色的不燃绝缘液体，通过氮气高压存储在高压钢瓶内。灭火时对着着火物释放"1211"，"1211"通过降温、隔绝空气、形成不燃覆盖层灭火。其灭火效率极高，比二氧化碳高3～4倍，适合油类火灾、电气火灾的扑灭。由于"1211"在高温中会产生有毒气体，所以其已被逐步限制使用，将逐步被新的化合物替代，如"1301"等。

（6）沙土

对于小面积火灾，使用沙土覆盖灭火是一种有效的手段。由于沙土本身惰性、不燃，较为沉重，具有较好的覆盖镇压能力，所以适合有机过氧化物、遇水燃烧物质的灭火；同时沙土能吸附液体，阻止液体流动，因此是扑灭液体火灾的重要材料。

（三）常见灭火器的使用

1．干粉灭火器

干粉灭火器适用于扑救易燃、可燃液体和易燃、可燃气体引起的火灾，以及电气设备火灾。干粉灭火器主要由压力表、保险销、压把、胶管、桶体及其内的干粉（碳酸氢钠粉）组成。干粉灭火器在使用前要将瓶体颠倒几次，使桶内干粉松动，然后除掉铅封，拔掉保险销，左手握住喷管，右手提着压把，在距火焰约 2 米处，用右手用力压下压把，手拿着喷管左右摇摆，喷射干粉覆盖燃烧区，直至把火全部扑灭。

推车式干粉灭火器主要用于扑救易燃液体、可燃气体和电气设备引起的火灾。推车式干粉灭火器移动方便，操作简单，灭火效果好。

2．泡沫灭火器

泡沫灭火器主要用于扑救油类火灾及木材、纤维、橡胶等固体可燃物引起的火灾。使用泡沫灭火器时注意，人要站在上风处，尽量靠近火源，因为泡沫灭火器的喷射距离只有 2～3 米，要从火势蔓延最危险的一边喷起，逐渐移动，不要留下火星。手要握住喷嘴木柄，以免被冻伤。仓库内二氧化碳的含量过多对人体不利，因此在空气不畅通的场合使用泡沫灭火器后，应立即通风。

3．二氧化碳灭火器

二氧化碳灭火器主要用于易燃、可燃液体和可燃气体引起的火灾，还可扑救高精尖的精密仪器、图书档案、工艺品和低压电气设备等引起的火灾，但对油类火灾灭火效果不明显。

▌三、仓储消防管理措施

仓库消防管理的方针是"预防为主、防消结合"，重视预防火灾的管理，以不存在火灾隐患为管理目标，具体可以采取以下措施。

（一）落实消防安全责任

仓库应依法建立并落实从仓库领导到基层员工的逐级消防安全责任制，明确各级、各岗消防安全责任人及工作职责。实行专职和兼职相结合的制度，使消防安全管理工作覆盖到仓库的每一个角落。

（二）定期检查消防器材

仓库内应当按照国家有关消防技术规范，设置、配备消防设施和器材，放于明显和便于取用的地点。同时应当由专人管理消防设施和器材，负责检查、维修、保养、更换、添置，确保消防设施和器材完好有效。

（三）留有消防通道

仓库每个区域必须留有消防通道，任何货物不能占用消防通道和安全出口，同时也不能遮挡住该区域消防栓。在实行封闭管理时也注意不要以砌墙或堆放难以搬动的重物的方式来封堵，可以采用拉警戒线或派专人管理封闭点的方式，日常应定期巡视检查，如发现有货物堵塞，应及时清理。

（四）货物分类存放

货物入库前确认无火种隐患后，对货物进行分类入库。按照可燃、易燃、不易燃等不同性质和不同储存条件进行分类存放，严禁随意堆放货物。生产和仓储车间内如超量存放易燃易爆危险原材料，必须及时搬离清理。

（五）杜绝"三合一"现象

严禁将仓库、企业办公区、休息室合并为同一场所，仓库内禁止人员生活居住。仓库和办公区、休息室之间的防火间距应符合安全规定，并应设有独立的安全出口，仓库和仓库之间也应该保留足够的安全距离。

（六）严禁火种入库

仓库内应设立禁火禁烟标志，严禁吸烟、明火作业。库房内不准设置和使用移动式照明灯具，不得使用电炉、电烙铁等电热器具和电视机、电冰箱等家用电器，且不准私拉电线、违规用电、违规使用大功率电器。

（七）定期开展消防安全培训

仓库应定期开展消防安全培训，对员工进行消防知识普及、安全技能培训。同时还要让员工熟知仓库内货物的特性，提高员工的安全素质和技能，并定期开展消防安全演练，定期开展防火检查，日常安排值班人员和防火检查人员，提前发现和消除火灾隐患。

【同步测试】

简答题

1. 简述危险品的分类以及如何对危险品进行安全保管。
2. 简述冷库保管的原理以及如何做好冷库保管。
3. 简述粮食的仓储特性以及如何进行粮食的仓储保管。
4. 简述仓库防火和灭火的方式以及消防管理措施。

【同步实训】

粮仓存储情况调研

实训目标

通过本项目的实训，加强对特殊物品仓储知识的掌握，能够运用所学知识进行特殊物品保管与仓储消防管理。

实训要求

调研当地某粮仓的仓储管理，并将参与过程中所学的知识整理成报告上交。

1. 自由组成小组，每组 5 人。

2. 了解该粮仓中粮食的种类和各种粮食的特性，并统计各种粮食的储存量。

3. 调查该粮仓分类储存粮食的方法，并了解储存各种粮食时的注意事项。

4. 学习该粮仓控制温度、湿度和防止火灾的具体方法和步骤。

5. 学习该粮仓预防粮食发霉、消除虫鼠的具体方法和步骤，并了解其使用了哪些技术手段和工具。

6. 形成调研报告。

实训指导

1. 明确小组分工，制定详细的工作进度表，确保任务按时完成。

2. 调研过程中做好记录，包括拍摄现场照片，但要注意遵守粮仓的安全规定，避免拍摄敏感区域。

3. 调研报告应结构清晰，需包含引言、调研目的、调研方法、调研结果及分析等内容，同时注意语言的规范与图表的运用。

项目七

智慧仓储质量与绩效管理

学习目标

知识目标

熟悉全面质量管理的相关内容。

掌握智慧仓储绩效管理的评价指标及其相关知识。

技能目标

能根据全面质量管理完善智慧仓储质量管理指标体系。

能配合人力资源部门设计智慧仓储绩效管理指标体系。

素质目标

培养学生树立全面质量管理理念和严谨、高效的职业态度，提升绩效管理与决策能力。

知识架构

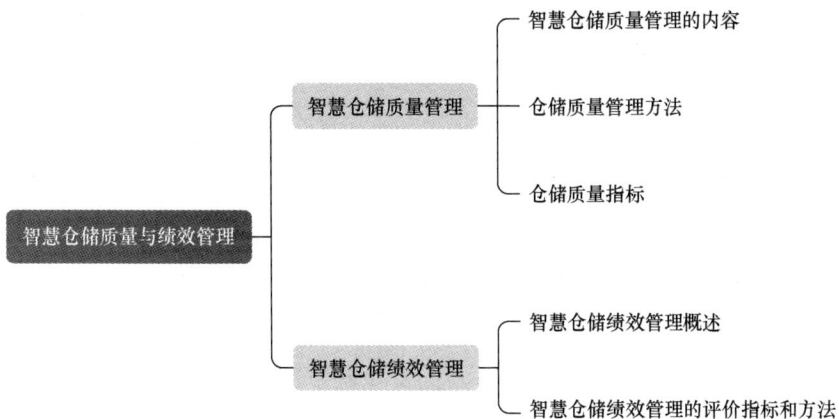

【案例导入】

某大型制造企业随着业务规模的扩大，面临仓储管理方面的挑战。为提高仓储效率和降低成本，该企业决定对仓储绩效管理进行优化。

经过分析，该企业仓储管理存在以下问题。

① 效率问题：仓储作业效率不高，导致订单处理速度缓慢，影响客户满意度。

② 成本问题：仓储成本较高，包括人力成本、设备折旧等，需要降低成本。

③ 员工激励问题：员工对绩效管理的认知不足，缺乏积极性，需要建立有效的激励机制。

请思考：针对以上问题，提出该企业绩效优化的解决办法，并思考对仓储进行绩效评价时需要从哪几个方面进行考虑。

任务一　智慧仓储质量管理

一、智慧仓储质量管理的内容

（一）智慧仓储质量管理的定义

智慧仓储质量管理是指在智慧仓储环境下，通过采用先进的信息技术手段和质量管理方法，对仓储设备、货物、人员等资源进行智能化、自动化、精细化的管理，以提高仓储运营效率、降低成本、提升服务质量。智慧仓储质量管理是智慧仓储的重要组成部分，它通过对仓储资源的全面优化和管理，实现对货物从入库、存储、打包、出库等环节的全程跟踪和管理，提高仓储的运营效率和服务质量，降低库存成本和风险。同时，智慧仓储质量管理可以为企业的决策提供更加准确、及时的数据支持，帮助企业更好地把握市场需求和趋势，提高企业的竞争力和市场占有率。

智慧仓储质量管理需要考虑以下内容。

1．储存货物的质量

仓储的对象是具有一定质量的实体，即有合乎要求的等级、尺寸、规格、性质、外观。这些质量是在生产过程中形成的，仓储在于转移和保护这些质量，最后实现对用户的质量保证。在当代风行的质量保证体系中，对用户的质量保证不仅依赖于生产，而且也依赖于流通。仓储保管业务、商品包装管理等有关内容，都是针对储存货物的质量提出的，这些方法和措施是保证储存货物质量完好所必需的。

2．服务质量

仓储业有极强的服务性质，不管是生产企业隶属的仓储活动，还是对外从事的仓储业务，整个仓储的质量目标，就是提升其服务质量。一般来讲，仓储服务普遍体现在满足用户要求方面，这一点难度是很大的，各个用户要求不同，这些要求往往超出企业的能力，要满足这些服务要求，就需要企业有很强的适应性及柔性，而这些又需要以强大的硬件系统和有效的管理系统支撑。当然，对服务要求的满足不能是消极被动的，因为有时候用户提出的某些服务要求，由于"效益背反"的作用，会增大成本或出现别的问题，这对用户实际是有害的，盲目满足用户的这种要求不是提升服务质量的表现。仓储承担者的责任是积极、能动地提升服务质量。仓储服务质量的具体衡量指标主要有时间、成本、数量和质量。

3. 工作质量

工作质量指的是仓储各环节、各工种、各岗位具体工作的质量。为提升总的服务质量，要确定具体的工作要求，以质量指标形式确定下来，即确定工作质量指标。这是将仓储服务总的目标质量分解成各个工作岗位可以具体实现的质量，是提高服务质量所做的技术、管理、操作等方面的努力。工作质量和仓储服务质量是两个有关联但又不大相同的概念。仓储服务质量水平取决于各项工作质量的总和。仓储的工作质量可归纳为以下内容：货物损坏、变质、挥发等影响货物质量因素的控制及管理；货物丢失、错发、报损等影响货物数量因素的控制及管理；货物维护、保养；货物入库、出库检查及验收，货物入库、出库计划管理，计划完成及兑现的控制；货物标签、货位标示、账目管理；库存量的控制；质量成本的控制及管理；工作标准化管理；各工序设备正常运转、完好程度管理；上、下道工序（货主、用户）服务。

（二）智慧仓储质量管理的意义

① 提高仓储效率：通过自动化设备和机器人的应用，智慧仓储质量管理能够实现货物的自动分拣、装载、搬运等操作，大大减少了人力资源的投入和操作时间，提高了仓储效率。

② 增强库存准确性：智慧仓储质量管理通过货物的标识和追踪，实时掌握货物的位置和状态，避免了库存积压和缺货现象的发生，增强了库存的准确性。

③ 降低运营成本：智慧仓储质量管理通过自动化设备和智能算法的应用，优化了仓储布局和货物调配，降低了库存成本和运输成本，提高了企业的整体运营效率。

④ 提高服务质量：智慧仓储质量管理通过实时监控库存情况，及时补充和调配库存，确保了货物的及时供应和配送，提高了客户满意度和服务质量。

⑤ 增强决策支持：智慧仓储质量管理通过数据分析和挖掘，为企业提供了更加准确、及时的数据支持，帮助企业更好地把握市场需求和趋势，提高企业的竞争力和市场占有率。

▌二、仓储质量管理方法

（一）全面质量管理

全面质量管理（Total Quality Management，TQM）就是指一个组织以质量为中心，以全员参与为基础，目的在于通过使顾客满意和本组织所有成员及社会受益而达到长期成功的管理途径。作为一种管理思想，全面质量管理并没有一套统一的工作模式，因各国、各企业情况不同，贯彻全面质量管理的方法和效果各不相同。就中国企业而言，主要是通过 ISO9000（质量体系标准）的达标活动来实现质量的提高。ISO9000 于 1987 年问世，这是全面质量管理发展到一定阶段的产物。ISO9000 在许多方面反映了全面质量管理的思想，可以把它看作全面质量管理的一部分。全面质量管理具有以下特点。

① 管理内容的全面性，主要表现在不仅要管好产品质量，还要管好产品质量赖以形成的工程质量、工作质量。

② 管理范围的全面性，主要表现在包括产品研究、开发、设计、制造、辅助生产、供应、销售（售前、售中、售后服务等）全过程的质量管理。它指明了质量管理的宗旨是经济地开发、研制、生产和销售用户满意的产品。

③ 参加管理的人员的全面性，主要表现在这项管理是要由企业全体人员参与的全员质量管理。它阐明了质量管理的基础是由企业全体员工牢固的质量意识、责任感、积极性构成的。

④ 管理方法的全面性，主要表现在根据不同情况和影响因素，采取多种多样的管理技术和方法，包括科学的组织工作、数理统计方法、先进的科学技术手段和技术措施等。它强调全面质量管理的手段，是综合运用管理技术、专业技术和科学方法，而不是单纯只靠检测技术或统计技术。

全面质量管理所谓的全面性，具体表现在管理内容的全面性、管理范围的全面性、参加管理的人员的全面性以及管理方法的全面性等。它是全方位的质量管理，是全员参与的质量管理，是全过程的质量管理，其管理的方法是多种多样的，因此，全面质量管理又简称"三全多样"。

全面质量管理采用一套科学的、合乎逻辑的工作程序，即 PDCA 循环法。PDCA 由 Plan（计划）、Do（执行）、Check（检查）、Action（处理）几个英文单词的第一个字母组成。PDCA 循环的概念最早由美国质量管理专家戴明提出，故又称"戴明环"，是全面质量管理的基本工作方法。它把全面质量管理的工作过程分为计划、执行、检查、处理四个阶段，其中每个阶段又可具体分为若干步骤。PDCA 循环如图 7-1 所示。

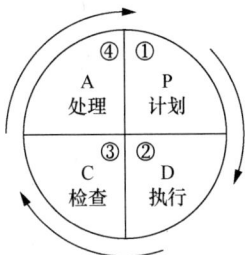

图 7-1 PDCA 循环

PDCA 循环的四个阶段。

第一阶段是计划阶段。以满足顾客的需求并取得经济效益为目标，通过调查、设计、试制，制定技术和经济指标、质量目标，以及达到这些目标的具体措施和方法。

第二阶段是执行阶段。根据预定计划和措施要求，努力实现和完成计划目标和任务。所以执行阶段就是要按照所制定的计划和措施去实施。

第三阶段是检查阶段。对照执行结果和预定目标，检查计划执行情况是否达到预期的效果，哪些措施有效，哪些措施效果不好，成功的经验是什么，失败的教训又是什么，原因在哪里，这些问题都应在检查阶段调查清楚。所以检查阶段就是对照计划，检查计划执行的情况和效果，及时发现和总结计划实施过程中的问题和经验。

第四阶段为处理阶段。根据检查的结果采取措施，巩固成绩，吸取教训。

全面质量管理工作程序可以具体分为以下八个步骤。

第一步，调查研究，分析现状，找出存在的质量问题。

第二步，根据存在的问题，分析产生质量问题的各种影响因素，并逐个因素加以分析。

第三步，找出影响质量的主要因素，并从主要影响因素中着手解决质量问题。

第四步，针对影响质量的主要原因，制定关于技术、组织的措施和方案，执行计划和预计效果。计划和措施应尽量做到明确具体，并确定具体的执行者、时间进度、地点、部门和完成方法等。

以上四个步骤就是计划阶段的具体化。

第五步，按照既定计划执行，即执行阶段。

第六步，根据计划的要求，检查实际执行结果，即检查阶段。

第七步，根据检查结果进行总结，把成功的经验和失败的教训总结出来，对原有的制度、标准进行修正，把成功的经验总结为标准和规则，以指导实践，对失败的教训也要加以总结整理，记录在案，以供借鉴。巩固已取得的成绩，同时防止重蹈覆辙。

第八步，提出这一次循环尚未解决的遗留问题，并将其转到下次循环中，作为下一阶段的计划目标。

以上第七、第八步是处理阶段的具体化。

上述四个阶段八个步骤不是运行一次就完结的，而是要周而复始地运行，解决了一部分问题，可能还有问题没有解决，或者又出现新的问题，需要再进入下一次循环，以不断提高质量。

（二）5S 现场管理

5S 现场管理是一套起源于日本的管理方法，它不仅适用于仓储物流企业，也适用于其他类型的企业，包括制造业企业、服务业企业等。5S 是一组原则，旨在通过创建和维护一个整洁、有序的工作场所来提高效率和质量。5S，即 Seiri（整理）、Seiton（整顿）、Seiso（清扫）、Seiketsu（清洁）和 Shitsuke（素养）。

① Seiri（整理），即将现场需要的物品与不需要的物品分开，把不需要的物品处理掉，如撤去不需要的设备、管线、工具、模型和个人物品等。

② Seiton（整顿），即把要用的物品根据使用频度分别放置，使常用的物品能及时、准确地取出，保持必要时该物品马上能使用和谁都能了解的状态，如放置场所与通道的标志、放置物品及其管理者的标志等。

③ Seiso（清扫），即去除现场的脏物、垃圾、污点，经常清扫、检查，形成制度，采取根治污物的对策，如彻底改善设备漏水、漏油、漏气，以及易落下灰尘等状况。

④ Seiketsu（清洁），即企业、现场、岗位、设备等时刻保持干净状态，保持环境卫生，如定期进行卫生清洁、安全检查，采取防止污染、噪声和震动的对策，使现场明亮化。

⑤ Shitsuke（素养），即要加强修养，美化身心，做到心灵美、行为美。人人养成良好的习惯，自觉遵守和执行各种规章制度和标准。

5S 现场管理有助于提高工作效率、减少浪费、提高产品质量、增强员工安全感和提升客户满意度。现代管理也会引入 Safety（安全）和 Saving（节约）的概念，成为 7S。

三、仓储质量指标

仓储质量指标是用于反映仓储质量现状的数据，是用于判定仓储质量水平的标准，是制定仓储质量改进措施的依据。

仓储质量指标如下。

1．单据与信息传递准确率

单据与信息传递准确率是指考核期内向客户传递的单据与信息的准确次数占单据与信息传递总次数的比率，单据与信息传递准确率应大于等于 99.5%。

其计算公式为：

单据与信息传递准确率=单据与信息传递准确次数/单据与信息传递总次数×100%

2．设备完好率

设备完好率是指在一定时期内，仓库设备处于完好状态，并能随时投入使用的台数与仓库所拥有的设备台数的比率。它反映了仓库设备所处的状态。

其计算公式为：

$$设备完好率=完好设备台数/设备总台数×100\%$$

完好设备台数是指处于良好状态的设备台数，累计台数不包括正在修理或待修理设备的台数。

3．责任货损率

责任货损率是指考核期内，作业不善造成的物品霉变、残损、丢失、短少等损失的件数占考核期内库存总件数的比率，也可以按物品消耗额占物品保管总额的比率计算。责任货损率应小于等于0.05%。

其计算公式为：

$$责任货损率=考核期内残损件数/考核期内库存总件数×100\%$$

或

$$责任货损率=考核期内残损金额/考核期内库存总金额×100\%$$

对于那些易挥发、易破碎的物品，制定一个相应的损耗标准，将物品损耗率与物品损耗标准相比较，凡是超过限度的就属于超限损耗。

4．账货相符率

账货相符率是指经盘点库存物品账货相符的笔数与储存物品总笔数的比率，账货相符率应大于等于99.5%。

其计算公式为：

$$账货相符率=账货相符的笔数/储存物品总笔数×100\%$$

注：同一品种、规格（批次）为一笔。

5．出库差错率

出库差错率是指考核期内发货累计差错件数占发货总件数的比率。它反映了发货作业的准确度，它是仓储管理的重要质量指标，是用于衡量仓储服务质量的指标。出库差错率应小于等于0.1%。

其计算公式为：

$$出库差错率=累计差错件数/发货总件数×100\%$$

6．有效投诉率

有效投诉率是指考核期内客户有效投诉涉及订单数占订单总数的比率，有效投诉率应小于等于0.8%。

其计算公式为：

$$有效投诉率=有效投诉涉及订单数/订单总数×100\%$$

有效投诉是因仓储服务商而起，经查证确属仓储服务商过失的客户投诉。

任务二　智慧仓储绩效管理

▌一、智慧仓储绩效管理概述

（一）智慧仓储绩效管理的定义

智慧仓储绩效管理是指在智能物流背景下各级管理者和员工为了达到组织目标共同参与的绩效计划制定、绩效辅导沟通、绩效考核评价、绩效结果应用、绩效目标提升的持续循环过程。智慧仓储绩效管理的目的不仅包括持续提升个人、部门和组织的绩效，还包括优化智慧设备的使用情况。智慧仓储绩效管理有助于解决仓库无形资产如何有效地创造价值的问题，它针对的是知识、技能和人的管理。仓库可以利用生产绩效考核指标考核仓库各个环节的计划执行情况，纠正运作过程中出现的偏差。采用科学合理的智慧仓储绩效管理方法，对智慧仓储管理来说意义重大，具体表现在以下方面。

（1）有利于促进企业和个人绩效提升

绩效管理为仓库员工设定明确的工作目标，有助于员工进行自我评估和设定工作计划。各种绩效激励措施可以激发员工的工作热情，提升员工工作效率，从而提升企业整体绩效水平，增强企业市场竞争力。

（2）有利于提高仓储管理水平

设立科学合理的指标体系，对仓储过程进行监控和评估，及时发现和解决问题，同时优化仓储流程和作业方式，减少人财物的浪费，有利于提升仓储管理水平。

（3）有利于促进仓库设施设备的现代化改造

绩效管理使得仓储企业可以及时发现仓库作业流程的薄弱环节，对效率低、消耗高、质量差的设备进行挖潜、革新和改造，积极采用先进技术，从而提高仓储的自动化和智慧化水平。

（二）智慧仓储绩效管理的步骤

智慧仓储绩效管理的步骤包括绩效诊断评估、绩效目标确定、绩效管理方案制定、绩效测评分析、绩效辅导改善、绩效考核实施。

1．绩效诊断评估

任何管理系统的设计都有一个从初始状态到中间状态，再到理想状态的循序渐进的过程。如果管理者期望管理系统一步到位，不仅不能将企业引向理想状态，而且还有可能将企业引向毁灭。因此，绩效管理的首要工作是深入、系统地诊断企业管理现状，摸清企业管理水平，从而为企业设计出科学、合理的绩效考核系统。

2．绩效目标确定

所有企业管理系统都是为实现企业战略目标服务的。智慧仓储的绩效管理也不例外。因此明确企业绩效目标，将有助于实现目标、凝聚员工，使员工体验目标实现的成就感。此外，管理者要意识到，没有目标、没有计划，也就谈不上绩效。

3．绩效管理方案制定

这是一个重要的步骤，必须根据每个岗位的特点提炼出关键绩效指标，制定考核标准。设计绩效考核的流程，对考核的程序进行明确规定，同时要对考核结果的应用做出合理安排，主要体现在考核结果要与绩效奖金挂钩，同时将考核结果应用于工作改进与职业规划中。

4．绩效测评分析

这是绩效管理的事务性工作，重点是负责绩效考核的管理部门培训其部门成员熟悉绩效管理工具，使其部门成员深刻理解绩效考核的意义及操作办法。负责绩效考核的管理部门可以根据业务的实际情况和考核的实施情况对考核的相关方案做出一定的调整，以确保考核的时效性与科学性；利用模拟实施阶段的测评核算出绩效结果，并对结果进行分析，挖掘绩效问题并组织相应的绩效面谈，以不断提升绩效。

5．绩效辅导改善

通过绩效测评分析，企业各个层面的问题得以显现，如目标问题、组织体系问题、工作流程问题、部门或岗位设置分工问题、员工业务能力问题等。据此，企业可根据各方面的问题，咨询专业辅导顾问，并使之进入部门辅导改善。

6．绩效考核实施

企业负责绩效管理的部门实施绩效管理与考核，并依据绩效管理方案进行周期性分析评估，持续改进和完善绩效管理。

二、智慧仓储绩效管理的评价指标和方法

微课视频

仓储绩效管理

（一）智慧仓储绩效管理的评价指标

智慧仓储绩效管理的评价指标具体如下。

1．仓储作业效率指标

（1）货物吞吐量

货物吞吐量是指一定时期内入库和出库的货物总量，通常以吨数表示。货物吞吐量

是衡量仓库生产规模情况及其在物流业中所起作用的主要数量指标，也是进行仓库设计规划的主要依据，其计算公式为：

$$货物吞吐量=一定时期内入库总量+同期出库总量$$

（2）订单按时完成率

订单按时完成率是指在考核期内按时完成订单数占订单总数的比率，它既能反映仓储服务质量，又能反映仓储的劳动效率。订单按时完成率应大于等于 95%。其计算公式为：

$$订单按时完成率=\frac{按时完成订单数}{订单总数}\times100\%$$

（3）数据与信息传输准时率

数据与信息传输准时率是指考核期内准时向客户传输数据与信息的次数占传输总次数的比率。数据与信息传输准时率应大于等于99%。其计算公式为：

$$数据与信息传输准时率=\frac{准时传输次数}{传输总次数}\times100\%$$

（4）库存周转率

库存周转率是反映仓储工作水平的重要效率指标，一般按年度评价。库存周转率可以用库存周转天数和库存周转次数两个指标来反映。其计算公式分别为：

$$库存周转天数=\frac{年平均存储量\times365}{年发货量}\quad 或 \quad 库存周转天数=\frac{年平均存储量}{平均日发货量}$$

$$库存周转次数=\frac{年发货量}{年平均存储量}\quad 或 \quad 库存周转次数=\frac{365}{库存周转天数}$$

年发货量是指通过出库操作的货物总量，可按吨、立方米、托盘等计算。年平均存储量是指一年内货物存储量的平均值，可按吨、立方米、托盘等计算。年平均存储量=每天存储量的总和/365。库存周转次数越多、库存周转天数越少，表明仓储活动的效率与效益越高。

（5）仓库作业效率

仓库作业效率用平均每人每天完成的出入库货物量来表示。其计算公式为：

$$仓库作业效率=\frac{年货物出入库总量}{仓库全体员工年度工作日数}$$

2. 仓储作业效益指标

（1）仓储收入利润率

仓储收入利润率是指仓储经营活动的利润与收入的比率，用于反映仓储收入与仓储利润之间的关系。一般按年度评价。其计算公式为：

$$仓储收入利润率=\frac{仓储利润}{仓储收入}\times100\%$$

仓储利润等于仓储收入减去同期仓储成本的余额，单位为万元。

仓储收入包含存储费（可按面积、托盘、重量等收取）以及出入库、装卸、搬运、加工包装、质押监管、配送、信息咨询等与仓储相关的所有服务性收入，但不包含仓储企业经营的商品贸易收入、与仓储货物没有连带关系的运输收入，单位为万元。

同期仓储成本指的是按仓储收入同口径计算的仓储活动直接成本，包含仓储设施设备折旧或租金、直接人工成本、加工材料成本、配送成本、因仓储活动所产生的动力能源及水电消耗，但不包含企业管理费用，单位为万元。

（2）成本利润率

成本利润率是指一定时期内仓储企业利润总额和仓储成本总额的比率，它反映成本支出的获利程度，成本利润率越高，说明仓库收入大于支出越多，其经济效益就越高。其计算公式为：

$$成本利润率 = \frac{利润总额}{仓储成本总额} \times 100\%$$

3. 仓储作业设施设备利用程度指标

（1）仓库货物周转率

仓库货物周转率是衡量货物周转速度的指标，一般用一定时间内出库量与平均库存量的比率来表示。该项指标的核算作用在于从总量上衡量仓储管理水平，衡量仓库的能力，能够反映仓库的作业规模，也能够反映仓库的利用情况。其计算公式为：

$$仓库货物周转率 = \frac{一定时间内出库量}{平均库存量} \times 100\%$$

（2）单位仓库面积产值

单位仓库面积产值是指每万平方米仓库面积总收入，以万元为单位，一般按年度评价。其计算公式为：

$$单位仓库面积产值 = \frac{仓储收入}{仓库总面积}$$

仓库总面积是指仓库的建筑面积，单位为万平方米。

（3）仓库面积（容积、货位）利用率

仓库面积（容积、货位）利用率，是指实际使用仓库面积（容积、货位），与仓库总面积（容积、货位）的比率。其计算公式为：

$$仓库面积（容积、货位）利用率 = \frac{实际使用仓库面积（容积、货位）}{仓库总面积（容积、货位）} \times 100\%$$

（4）机械化作业率

机械化作业率是指使用机械设备的作业总量与货物吞吐量的比率，一般按年度评价。其计算公式为：

$$机械化作业率 = \frac{使用机械设备的作业总量}{货物吞吐量} \times 100\%$$

使用机械设备的作业总量是指仓库货物吞吐总量中减去完全手工操作处理的货物总量后的值，可按吨、立方米、托盘等计算。

4．仓储作业消耗指标

（1）材料、燃料和动力消耗指标

这类指标有很多种，由于各仓储企业所用设备不同，因此没有一个统一的标准，各企业考核大多与企业同期比较。这类指标有机械设备耗油量、苫垫物料年消耗量、苫垫物料重复使用率等。

（2）平均储存费用

平均储存费用是指保管每吨货物旬、月、季、年平均所需要的费用开支。这些费用包括在货物出入库、验收、储存和搬运过程中消耗的材料和燃料、人工工资和福利费、固定资产折旧、修理费、照明费、租赁费、利息及应分摊的管理费等。这些费用的总和构成了储存费用总额。其计算公式为：

$$平均储存费用 = \frac{储存费用总额}{同期平均储存量}$$

（3）单位仓库面积能耗

单位仓库面积能耗是指单位面积年消耗的能源（水、电、油）量，一般按年度评价。

$$单位仓库面积能耗 = \frac{能耗（水、电、油）总量}{仓库总面积}$$

能耗总量按照水、电、油分别计算。

5．物品储存的安全性指标

这类指标通常用来反映仓储作业的安全程度，可以用发生的各种事故的大小和次数来表示，主要有人身伤亡事故、仓库失火事故、被盗事故、机械损坏事故等。这类指标一般不需要计算，只是根据损失的大小来划分不同等级，以便于考核。

（二）智慧仓储绩效管理的方法

现代智慧仓储企业的各项考核指标只反映某一方面的情况，仅凭一项指标很难了解事物的总体情况，也不容易发现问题，更难找到产生问题的原因。因此，要全面、准确地认识智慧仓储企业的现状和规律，把握其发展的趋势，必须对各个指标进行系统而周密的分析。通过分析各项指标，智慧仓储企业能够全面了解各项业务工作的完成情况和取得的绩效，发现存在的问题及薄弱环节，可以全面了解企业设施设备的利用程度和潜力，可以掌握客户对企业的满意程度及服务水平，可以认识企业的营运能力、营运质量及营运效率。现代智慧仓储企业的智慧仓储绩效管理的具体评估方法有价值分析法、行为法和目标管理法等。

1．价值分析法

要提高企业的经营效益，无非采用开源节流的方法，降低成本便是为了节流。在降低成本的分析方法中，价值分析法是一种比较实用的方法。所谓价值分析，就是通过综合分析系统的功能与成本的相互关系寻求系统整体优化途径的一项技术分析方法。采用价值分析法主要是通过对功能和成本的分析，力图以最低的寿命周期成本可靠地实现系统的必要功能。

价值分析法的基本思想是，在各种经济活动中，无论是制定计划还是生产制造，无论是销售商品还是选用设备，目的都是以最低的价格实现最大的价值。价值分析内容如下。

① 使用此物品是否必要。

② 此物品价值与效用是否相当。

③ 为满足某种用途，是否还有其他方法或者替代品。

④ 物品所有的性能是否都是必要的。

⑤ 质量要求是否过高。

⑥ 物品是否存在形状、尺寸浪费。

⑦ 物品是否存在重量浪费。

⑧ 能否使用标准件和通用件。

⑨ 物品的成本相对于用途是否适宜，能否采用更适宜、更经济的方法进行生产。

库存管理方针的确定、库存品种的确定、库存品的分类、库存数量计算、库存量的控制、库存方法及库存设备的选择、库存费用控制、库存运营等，这些都是价值分析所要研究的对象，因为每一项都与价值有直接关系。例如，库存品种的确定是智慧仓储经营的一项重要决策，如果所选物品在仓储经营中效用很低，甚至在仓库中存在对企业的运营毫无影响的物品，说明库存的价值不能得到体现。

又如，库存量的控制。通常库存量过多不行，过少也不行，企业追求的是合理的库存量。有的物品允许缺货，而有的物品不允许缺货。因此，如果不能明确地将物品加以区别，往往在价值方面就要遭受损失。

管理方法影响物品的价值变化。如果保管不当，物品的价值必然下降，在考虑库存方法时，如果不把保证物品的良好质量作为重点之一，就会出现质量下降、效率降低等现象，这将导致价值减少。相反，如果保管方法好，物品的质量不降低，就等同于价值相对增加。

2．行为法

智慧仓储绩效管理的行为法是一种试图对员工为有效完成工作必须表现出来的行为进行界定的绩效管理方法。这种方法的主要内容是利用各种技术来对员工行为加以界定，然后要求管理者对员工在多大程度上表现出这些行为做出评价。行为法具体有以下几种。

（1）关键事件法

关键事件法是客观评价体系中最简单的一种方法。在应用这种方法时，负责评价的管理人员把员工在完成工作任务时所表现出来的特别有效的行为和特别无效的行为记录下来，写成一份书面报告，评价者在对员工的优点、缺点和潜在能力进行评价的基础上提出提升工作效率的意见。

（2）评级量表法

评级量表法是在各种考核中普遍采用的方法，即用一种评价尺度表，对员工每个考核项目的表现做出评价或者计分。采用这种方法，可以在一个等级表上对业绩的判断进行记录。在等级分类中，通常采用5点量表，或者可以采用诸如"优秀""一般""较差"等形容词来定义。

（3）行为锚定等级评价法

行为锚定等级评价法是一种将同一职务工作可能发生的各种典型行为进行评分度量，建立一个锚定评分表，以此为依据，对员工工作的实际行为进行测评的方法。行为锚定等级评价法实质上是把关键事件法与评级量表法结合起来，兼具两者之长。

（4）关键绩效指标法

关键绩效指标法是运用关键绩效指标（Key Performance Indicator，KPI）进行绩效考评的方法，这是受到现代企业普遍重视的方法。这一方法的关键是建立合理的关键绩效指标。

关键绩效指标法之所以可行，是因为它符合一个重要的管理原理，即"二八原理"。建立关键绩效指标体系时，应当遵循以下几项原则。

① 目标导向。关键绩效指标必须依据工作目标确定，包括企业目标、部门目标、职务目标。把个人和部门的目标同企业的整体战略联系起来，以全局的观点思考问题。

② 注重工作质量。工作质量是企业竞争力的核心要素，而往往又难以衡量，因此，对工作质量设立指标进行控制特别重要。

③ 可操作性。关键绩效指标再好，如果难以操作，也没有实际价值。必须从技术上保证目标的可操作性，对每一个指标都给予明确的定义，建立完善的信息收集渠道。

④ 强调对输入和输出过程的控制。在设立关键绩效指标时，要优先考虑流程的输入和输出情况，将两者之间的过程视为一个整体，进行端点控制。

⑤ 稳定。指标一般应当比较稳定，即如果业绩流程基本不变，则关键绩效指标的项目也不应有较大变动。

⑥ 简单明了。关键绩效指标应当简单明了，容易被执行者理解和接受。

3．目标管理法

目标管理法是员工与上司协商制定个人目标（比如生产成本、销售收入、质量标准、利润等方面的目标），然后以这些目标作为评估员工绩效的基础的方法。

为了使目标管理法取得成功，企业应该将目标管理计划看作仓储管理体系的一个组成部分，而不单单是经理人员工作的附加部分。经理人员必须将制定目标的权力下放给员工，给员工自行决断的自由。以下几点可能会有所帮助。

① 经理人员和员工必须愿意一起制定目标。

② 目标应该是长期和短期并存，且可量化和可测量。

③ 预期的结果必须在经理人员的控制之中。

④ 目标必须在每一个层次（高级管理人员、经理人员和员工）上保持一致。

⑤ 经理人员和员工必须留出特定的时间来对目标进行回顾和评估。

🎓 提示

目标与关键成果法（Objectives and Key Results，OKR），是一套明确和跟踪目标及其完成情况的管理工具和方法，由英特尔公司创始人之一安迪·葛洛夫发明。2015年后，百度、华为、字节跳动等企业都逐渐使用和推广OKR。OKR的思路是先制定目标，然后明确目标的驱动因素，最后考核目标完成情况。OKR有一个特点是以季度为周期讨论目标实现的支持因素，有效地适应了"互联网+"时代外部环境快速变化的特征。每季度的驱动因素都会根据外部环境变化以确保全年目标实现，实现环境变化与目标稳定的平衡。

📺 【同步测试】 ● ● ●

简答题

1. 简述智慧仓储质量管理的意义。

2. 仓储质量指标有哪些？

3. 简述智慧仓储绩效管理的评价指标。

📈 【同步实训】 ●

质量管理工具分析与比较

实训目标

1. 通过实训，培养总结分析能力及自主学习能力。

2. 培养团队合作能力。

实训要求

根据所学内容，4～5人一组，查找质量管理的工具和方法并做简要介绍。并任选其中一种方法围绕其进行案例分析，生成总结内容并进行课堂展示。

实训指导

1. 分析工具选择：根据实训要求，指导学生选择合适的质量管理工具进行分析。

2. 课堂展示：指导学生进行课堂展示，包括案例的查找与分析、质量管理工具和方法的选用等。